MAESTRÍA DE VIDA

Alejandra Llamas y Gloria Calzada

Maestría de vida

Reflexiones para vivir
en excelencia

Grijalbo

Maestría de vida
Reflexiones para vivir en excelencia

Primera edición: abril, 2013
Primera reimpresión: mayo, 2013
Segunda reimpresión: mayo, 2013
Tercera reimpresión: junio, 2013
Cuarta reimpresión: julio, 2013

D. R. © 2013, Alejandra Llamas
D. R. © 2013, Gloria Calzada

D. R. © 2013, derechos de edición mundiales en lengua castellana:
    Random House Mondadori, S. A. de C. V.
    Av. Homero núm. 544, colonia Chapultepec Morales,
    Delegación Miguel Hidalgo, C.P. 11570, México, D.F.

www.megustaleer.com.mx

Comentarios sobre la edición y el contenido de este libro a:
megustaleer@rhmx.com.mx

ISBN 978-607-311-502-5

Impreso en México / *Printed in Mexico*

Índice

Prólogo

GLORIA CALZADA

Hoy vivo con una serenidad que siempre deseé y no alcanzaba.

Siendo un ser eminentemente racional, aunque sensible, no lograba conectar del todo el cerebro con el espíritu.

A pesar de ser una persona muy práctica, tengo una mente muy intrincada.

Nunca encontré un sistema o fórmula que me permitiera racionalizar el alma y necesitaba entender.

Soy una escéptica rotunda. Toda idea tiene que pasar primero el filtro pensante y luego mi raciocinio la destripa.

Conocí a Ale hace varios años en Miami y siempre me llamó la atención su *cool* y apacible forma de ser. Sentía que ella vivía en gran equilibrio y cuando me contó que se había matriculado para certificarse como *personal coach*, me interesé en seguir su proceso.

El *coaching* era algo de lo que apenas se empezaba a hablar y a mí me intrigaba la premisa de tener un guía/cómplice que me ayudara a conseguir mis metas yendo de la mano conmigo.

Alejandra me inspiraba toda la confianza y un día, que por suerte (sincro-destino) me la topé en el aeropuerto, la invité a participar en el programa de radio donde este libro se concibió.

La idea de desmenuzar los conceptos del *coaching* para entenderlos mejor en conversaciones semanales resultó ser superterapéutico y útil para muchos radioescuchas y sobre todo para mí,

9

que fui resolviendo pendientes añejos de mi personalidad y forma de relacionarme y con ello sus respectivas consecuencias.

Sabía que por su congruencia y compromiso de vida en todos los aspectos Alejandra era esa guía/coach. Una mujer como ella, tan congruente y eficiente, no dedicaría tanto tiempo a algo que careciera de sentido —pensé—.

Debo decir que simultáneamente Ale y yo comenzamos sesiones *one on one*. Ella se convirtió en mi otro yo, como el mentor que es tu *coach*, respetuoso y firme para acompañarte a rediseñar tu nueva forma de vivir. Tengo mucho que agradecerle.

Así, el *personal coaching* se convirtió en el elemento perfecto para terminar de alcanzar el equilibrio. Ya era hora.

La mente y el alma conviven bien en el *personal coaching*; eso es lo que más me gustó, sin duda. No se pelea con mi manera de funcionar tan cerebral.

Tiene sentido, no son fórmulas incomprensibles ni esotéricas. Para mí ha sido el gran encuentro, la respuesta a mil preguntas, con Alejandra como *coach* y amiga.

Nuestras conversaciones en el radio se transformaron en este libro. Un sueño que siempre tuve, pero que no me atrevía a explorar.

Esas pláticas, condensadas aquí, dan una mejor comprensión e introducción a los temas del *coaching*.

Las preguntas, formuladas con la intención de encausar la conversación a temas específicos, nacen desde la genuina curiosidad y ya con conocimientos previos sobre *coaching*. También quise poner en negritas las partes que a mi juicio son más relevantes, profundas y transformadoras.

Escribo estas líneas con un agradecimiento infinito y con un deseo enorme de que estas conversaciones, sucedidas a lo largo de dos años, resulten útiles para mucha gente que busca en su vida este armonioso, sereno y claro equilibrio, como el que yo he encontrado. Desde que esta relación entre Ale y yo comenzó, he resuelto asuntos chiquitos y otros viejos y complicados. Me siento más ligera y mi gente piensa lo mismo.

Yo no quiero convencer a nadie de nada, pero sí les comparto mi experiencia y la deliciosa sensación de libertad que he conseguido. Antes que nada, me he liberado de mí y de la prisión en que mi personalidad perfeccionista me mantenía, siempre en estado de alerta y tratando de acertar cada vez. Con razón estaba agotada. Aprendí a emprender una conversación incómoda sin postergarla más, así como a romper con ciclos tóxicos que cultivé por muchos años y que han sido motivo de sufrimientos y fracasos.

Una parte de mi trabajo es crear contenidos. Siempre estoy imaginando ideas y generando nuevos proyectos. El *coaching* me ayuda a estar fresca, a reinventarme, a proponerme a mí misma ideas y no ponerme obstáculos.

El *coaching* no se pelea con nadie, no discute teorías, sino que nos simplifica el camino, nada más. Nadie necesita una vida más complicada, y menos una loca como yo. Hoy duermo mucho más tranquila.

Les comparto mis conversaciones con Ale Llamas, este libro que ha sido mi puerta hacia una gran libertad. Son muchas horas de conversación editadas para dejar la pura médula y nuestras voces están entretejidas. Se entremezclan en el texto, el corazón y la experiencia de Ale como *coach* experimentado con mi intuición y ejercicio inquisitivo como mujer y profesional.

Les comparto el instrumento que me liberó y que se llama *personal coaching*.

Hacia la excelencia *and beyond*.

Introducción

Alejandra Llamas

La inquietud de sanar y dar sentido a mi vida, junto con desarrollar una filosofía de vida de la cual echar mano en momentos de duda, se volvió hace muchos años el recorrido al que me ha llevado la vida; hoy me siento agradecida de hacer de este trabajo mi pasión y mi profesión; me ha brindado conocimientos que le dan una profunda riqueza al valor que le doy a mi vivir. Ahora, después de todos estos años, no sólo me ha dejado un enorme bienestar, sino me ha llenado de experiencias bellas y de aventuras inesperadas. En una de ellas apareció la oportunidad de contribuir con Gloria Calzada en la radio, y después de varios años inventando conversaciones, nace este libro, que se vuelve un regalo más para mí de este maravilloso trabajo. En este libro se reúnen diálogos basados en temas que nos conciernen en el día a día vistos desde el punto de vista del *coaching* del ser.

1

¿Quién es un *coach* o mentor?

GLORIA CALZADA: *¿Cuáles son las características que presenta un* coach *o mentor?*

ALEJANDRA LLAMAS: El *coach* debe aplicar las técnicas que enseña para que su propia vida funcione. No necesariamente que se apegue a determinadas reglas sociales o morales. Es una persona que se responsabiliza por su vida y la crea en equilibrio con su entorno. Finalmente éste es el ejemplo que quiere llevar a sus clientes. Con éste, muestra el poder que tienen las herramientas y enseña cómo las técnicas de *coaching* se vuelven efectivas en el día a día.

La congruencia es muy importante para este trabajo… Y requiere de sentido común, pero justamente eso es lo complejo, ya que muchos estamos enredados en creencias mentales que nos complican la manera en que nos conducimos por la vida.

GLORIA: *La interacción que se crea entre el* coach *y el cliente es muy cercana y en mi opinión debe existir en el cliente una gran confianza porque entrarán en el terreno de la confidencia y total sinceridad. Como es alguien con quien te planteas metas y te acompañará en el proceso, es casi como escoger a tu mejor nueva amiga o amigo. Very close and personal. ¿Cómo eliges a tu* coach?

ALEJANDRA: Primero te tiene que inspirar, te debe parecer una persona que realmente tenga la posibilidad de volverse un mentor en tu vida porque, día con día, el trabajo en el cual te está guiando requiere el esfuerzo de ambos. El *coach* será quien, con su entusiasmo, le dé empuje a su cliente y le ayude a levantarse cuando se tropiece, cuando sienta que no está pudiendo salir adelante o no vea posibilidades para su vida.

GLORIA: *El* coach *se convierte en referente, confidente, espejo, y conforme el tiempo avanza y se logran metas, se crea una relación afectiva y llena de gratitud. ¿La responsabilidad en* coaching *es clave?*

ALEJANDRA: Desde mi experiencia, los retos a los que te enfrentas como *coach* cuando estás trabajando con un cliente son la falta que hay en nosotros de responsabilizarnos al ciento por ciento de lo que vivimos.

Como *coach*, me tengo que comprometer a que mis clientes vean resultados. Así, yo me comprometo a caminar con ellos durante un tiempo determinado, pueden ser cuatro o seis meses; es decir, un tiempo suficiente para que se den cuenta de que están avanzando y que el proceso está siendo efectivo. Ahora, el gran reto es que ellos se comprometan y se responsabilicen si quieren lograr sus objetivos.

La transformación viene realmente desde el ser. Cuando un cliente inicia su trabajo conmigo, le aclaro que no me voy a enfocar en metas o en que logre cosas en el mundo exterior; mi objetivo es trabajar y lograr la transformación del ser, es decir, desde adentro. Me interesa más quién está siendo frente a la vida porque es desde ahí donde surgirá el verdadero cambio. Es desde ahí donde su vida empezará a acomodarse y desde donde vendrán suave, pausada y armónicamente las cosas y los pasos que tiene que ir dando para su gran camino, para vivir en la grandeza de su ser.

Lo interesante es que resolviendo lo interno, lo viejo, la depuración se va extendiendo y tocando lo demás: lo laboral, lo social, y se logra un éxito integral, aunque ése no sea el objetivo directo e inicial.

GLORIA: *¿Cómo manejas el ego de tus clientes cuando no quieren el cambio o insisten en tener la razón?*

ALEJANDRA: Cuando inicio el trabajo con un cliente siento que hago un baile con su ego; si le piso demasiado el callo a ese ego, encontraré mucha resistencia; es como si el ser se dividiera en dos. En esta esencia llena de amor (a la que podemos llamar alma, que es una conexión con el todo), existe siempre un sentido que pareciera separado del ser esencial. Éste es el ego que pretende crear un impostor de quien en realidad somos; muchas veces se apodera de nuestros pensamientos, de nuestras emociones; se nutre de una manera adictiva de esta parte confusa de nosotros; representa y muestra el desamor hacia nosotros mismos y hacia quienes nos rodean. Tiene tanta necesidad de sobrevivir que, cuando el *coach* está tratando de identificarlo en la vida del cliente para que pueda florecer en su luz, le dirá muchas cosas para que no regrese a este trabajo espiritual porque se está sintiendo amenazado. Creo que este proceso es como un baile en el cual yo, como *coach*, tengo que estar alerta de no pisar de más, porque si no esa voz interior apegada al ego resistirá el crecimiento espiritual de mi cliente.

GLORIA: *¿Es posible eliminar al ego, ponerlo a raya?*

ALEJANDRA: Yo creo que no desaparece en nosotros, pero sí llega a estar en un lugar desde donde está observando; así, cuando quiere apoderarse de lo mejor de nosotros mismos, y logramos reconocer que es él el que está hablando y adueñándose de nuestro diálogo interior, entonces podremos decir: ése es el ego, no le voy a dar voz, es tentador estar ahí y sobre todo conocido, es atractivo el drama al que me quiere llevar, pero el precio será quitarme la paz y hoy por hoy ya no estoy dispuesta.

GLORIA: *Al avanzar el proceso del* coaching *y mantenernos conscientes de que el ego es traicionero y escurridizo, se logra controlar cada vez con*

17

mayor facilidad. En el mejor de los casos, hasta ayuda para mantenernos alertas.

Primero, entendiendo muy bien la figura del ego. En la medida que lo hagamos, podremos percibir su presencia, desactivarla y, a veces, usarla a nuestro favor. Porque tiene una parte productiva. Bien entendido esto, el ego no es siempre un enemigo.

¿Cómo luchas tú contra tu ego?

ALEJANDRA: Creo que ya reconozco al oponente que llevo dentro, sé cuáles son los temas en los que tiendo a tropezar, sé quiénes son las personas que me pueden gatillar en el exterior y lo que me pueden provocar; también sé cuáles son los escenarios en los que cojeo y, usualmente, cuando el ego me ataca y trata de apoderarse de mí, intento colocarme en un lugar emocionalmente válido para no darle voz. Me parece que a estas alturas lo tengo identificado y uso las herramientas del *coaching* para trabajar en liberarme.

Con algunos clientes me he dado cuenta de que en muchas ocasiones no quieren comprometerse para estar en paz. Antes, los tomaba de la mano para enseñarles la luz en la que podrían estar parados, pero después de varios meses me daba cuenta de que preferían quedarse en la justificación, en el drama, en el "él me hizo", en el "en qué parte de lo que te acabo de contar no entiendes que me hace sufrir"; aquello se convertía en una lucha constante, en donde yo decía "aquí están las técnicas", "te puedo enseñar la puerta, pero no la puedo cruzar por ti".

Últimamente lo que hago es decirles: "Éste es el poder que tiene el *coaching*, te puede llevar a la luz, te puede dar una energía increíble, pero tienes que hacer el trabajo y decidir si realmente la paz es tu gran objetivo, porque encuentro que algunos de nosotros, o de la gente que se acerca a esto, decide al final quedarse en posturas repetitivas de creación".

Muchas veces mi responsabilidad como *coach* es saber que hay gente que no quiere lo que ofrezco, que después de un rato sueltan la toalla y dicen: "Ale, lo que me enseñas, lo que oigo de ti, suena muy bonito pero no tiene sentido, no me da la paz que necesito. Tengo todos estos problemas, tengo estos dramas en mi vida y no veo cómo lo que enseñas me puede ayudar". Ahí es cuando yo, como *coach*, debo respetar y darle esa responsabilidad a la persona, soltarla, saber que todos decidimos en dónde queremos vivir y hasta dónde queremos llegar. Como *coach* pienso: "**Sé dónde podrías estar con tu vida ahora, pero tenemos que agarrarnos de la mano y caminar juntos en este gran compromiso**".

Todos tenemos un proceso de evolución. Es muy importante dejar que las personas sigan el propio, aun cuando sea con pasos pequeños. También existen personas que no están dispuestas a trabajar en ellas; un *coach* tiene que observar a su cliente y estar alerta de que esté en su despertar, recordando siempre que ese despertar no sucede de un día para otro.

2

El sincrodestino

GLORIA CALZADA: Timing, *coincidencia, instinto. Nuestra biografía puede ser muy reveladora para aterrizar conclusiones y entender patrones que hemos vivido por muchísimos años. ¿Qué es esto?*

ALEJANDRA LLAMAS: El sincrodestino tiene que ver con las coincidencias que nos han pasado a lo largo de la vida. Si revisamos nuestra vida, veremos que se ha ido tejiendo con una serie de coincidencias, las mismas que nos han ido moviendo de camino. Ahora, esos caminos que hemos tomado, que tal vez no entendemos, nos han llevado a mayores oportunidades, a cosas que nunca soñamos. Es importante considerar éstas a nuestro favor para observar cómo cocreamos con el universo; para esto se requiere saber que existe algo mucho más allá del plano físico; es decir, la inteligencia colectiva, una conciencia, una energía a la que podemos acceder, la cual tiene un orden y está ahí con el propósito de que nuestra alma encuentre su gran misión. Si creemos en esto, al salir al mundo veremos señales en él, veremos coincidencias, y podremos experimentar más allá de nosotros como seres humanos.

GLORIA: *Puede ser facilísimo tener la obsesión de creer que* TODO *tiene un porqué más allá, y caer en otro extremo. ¿Todas las coincidencias tienen una causa? ¿O cómo identificar cuáles sí y cuáles no?*

ALEJANDRA: Es muy importante que cada persona tenga definido qué quiere, cuáles son sus sueños, cuál es su objetivo, qué es lo que quiere lograr a corto y mediano plazos. Si no, cómo voy a saber si es una coincidencia si ni siquiera sé a dónde voy, si ni siquiera sé qué quiero. Cuando mis metas son confusas y no tienen que ver con lo que quiero o con lo que sueño, salgo al mundo y no veo nada. Por lo tanto, **el requerimiento número uno es tener una idea de qué quieres, cuáles son tus sueños, a dónde quieres llegar** y que esto vaya de la mano de la grandeza de tu ser. Cuando te colocas en ese punto ya estás en una conversación de intuición, de creatividad, de unión con la inteligencia universal; estás dominado entonces por el amor y no por el temor; estás en el presente y no en el pasado ni en el futuro; estás despierto a lo que sucede en cada momento y por eso puedes observar las coincidencias. Entonces, si ya tienes determinado que, por ejemplo, tu siguiente paso será conseguir ese trabajo o escribir un libro o abrir una florería saldrás al mundo con esa idea y con dos cualidades importantes: **intención y atención.**

La atención generará que cuando salgas al mundo, con tu idea determinada, tengas una brújula para ver aquellas cosas que coincidan con lo que deseas para acercarte a eso que quieres crear.

No importa cuántas metas tengas, lo fundamental es que estés alerta y tengas claridad de lo que estás creando, porque si sales al mundo medio dormido, confundido, si no tienes la claridad de cuál es tu propósito para el futuro, lo que pasará es que aunque te pasen las señales enfrente no las verás, porque no sabes ni a dónde vas ni qué quieres; pero cuando, en cambio, ya sabes a dónde vas, cuando sabes que tu grandeza la puedes vislumbrar de alguna manera, entonces puedes abrir la puerta a tu futuro y ver las pistas que te pueden llevar a tu camino.

GLORIA: *El* personal coaching *nos exige ser observadores y estar atentos. Esta característica puede ser la clave para acceder más rápido y de lleno a las bondades que esta práctica nos permite conseguir. ¿Cómo hacer para estar alerta a las coincidencias?*

ALEJANDRA: Una vez que nos adentramos en este mundo, lo primero es reconocer que lo que observamos en él es un reflejo de lo que observamos en nosotros mismos. Entonces, si yo sé que dentro de mí hay muchas maneras de llegar a mis objetivos, la vida se volverá generosa en oportunidades; aquí vamos al punto dos, al de la intención. Se dice, por ejemplo, en el mundo cuántico, que quien observa crea el objeto que está afuera, lo que está allá no existe; es decir, existe según nuestra cualidad y calidad como observadores; así, la energía de dicha intención tiene tanta fuerza que transforma la energía de lo que está en el exterior para que se vuelva una posibilidad. Por eso, si crees que sólo hay una manera de llegar a tu gran destino, entonces partes de la limitación, de que "se nos va el tren y ya no llegamos"; pero cuando reconoces que el observador que eres es lo más importante y poderoso que existe, entonces, cuando la realidad aparezca ante ti, tu intención y tu atención transformarán esa verdad para que se convierta en tus oportunidades.

GLORIA: *¿Eso podría ser más o menos como ley de atracción?*
ALEJANDRA: Exacto, porque todo tiene que ver con energía; entonces, nos tenemos que volver sensibles a nuestro entorno.

El universo nos está hablando constantemente; nos dice: "Aquí estoy, apuéstale, busca y pide". Pero a veces se nos olvida que estamos cocreando la vida con él.

23

3

Cuando fijamos nuestra atención en otros

GLORIA CALZADA: *Hemos puesto mucha de nuestra atención en el exterior de las personas con quienes convivimos. Cuando estamos sensibles y frágiles demandamos más consideraciones y creamos expectativas injustas e irreales.*

ALEJANDRA LLAMAS: Hay personas que se quejan de que el amigo, el novio, la mamá o algún otro pariente las agrede, por ejemplo, con su "frialdad" o con su "habilidad para manipular". Esto sucede porque el otro no hace lo que *yo* espero. Es frecuente que me pregunten cómo hacer para que esta persona cambie, que sea más cariñosa, por ejemplo, porque se sienten lastimadas con actitudes que creen que están dedicadas a ellas.

Por ejemplo, una mujer se queja de que cada vez que habla con su mamá ésta le dice exactamente el comentario que le molesta. Entonces me pregunta: "¿Cómo le hago?" Tan sólo la expresión de "cómo le hago" implica control, implica que nosotros somos personas que tenemos la necesidad de controlar a otros, o que tenemos el poder de hacerlo... Aquí vemos una necesidad de que exista cierto control a través de cómo quieres que aparezca esa relación o determinada persona. Puede ser que en ciertos casos seas tú quien interpreta algún evento y lo calificas como agresivo, entonces reaccionas a esto sin darte cuenta de que probablemente el enfado que te provoca es lo que los otros perciben de ti, pero como no hay una comunicación directa, estas reacciones, a lo mejor no verbales, de rechazo, son las que aparecen en la relación, y puedes poner la cara de "otra vez me dijo, otra vez no hizo". Con esto quiero decir que es común que también nosotros seamos agresivos-pasivos, porque reaccionamos a eso que no nos gusta de ellos y de alguna manera estamos esperando que empiecen con su cantaleta que nos cae tan mal. Sin embargo, eso nos queda muy claro en el otro y la mayoría de las veces no lo podemos ver en nosotros mismos. Aquí se vale preguntarte: ¿Cómo estaré apareciendo frente al otro?

Es importante entender que **uno no debe ni puede controlar a las personas o las relaciones. Si desaparece esa necesidad de control y comprendes que lo que el otro haga o no haga no es personal, que no tiene que ver contigo, entonces no podrá dañarte;** así, no te causará mayor reacción si hizo o no, si aventó determinado comentario o no, pues a ti se te resbalará, porque no estás metido en una dinámica dañina y no hace eco en ti.

GLORIA: *Queremos ser apreciados, caer bien. Sumar a la vida de quienes queremos. Y nos esmeramos. Sólo que la percepción que esas personas tendrán de nosotros no depende de lo bien que nos portemos. En ocasiones pareciera que hay dos historias diferentes y, por lo tanto, interpretaciones distintas. ¿Por qué?*

ALEJANDRA: Cuando experimentas una dinámica cuya característica es ser agresivo-pasivo es importante saber que las cosas están "debajo del agua" y que es fundamental llevarlas a la superficie. Para esto hay que tener una comunicación efectiva y amorosa con la otra persona. Es aquí donde creo que muchos pecamos, que nos quedamos con nuestra interpretación, creamos un cuento de lo que dijo, de lo que no hizo, y vamos con los amigos para quejarnos y decir: "Ya otra vez me hizo la cara" o "me contestó", pero no tenemos el valor de sentarnos y decir: "Esto que tú dices o que tú haces para mí significa…" A lo mejor la primera sorprendida

26

será ella, porque quizá lo hace de una manera inconsciente y dice: "Oye, no me había dado cuenta que eso te lastimaba, que tú lo vivías así".

Una relación en la que te sientas libre de expresar cómo te sientes y cómo aparece el otro frente a ti realmente construye. Cuando puedes desmenuzar una relación, cuando ésta logra tener ese cimiento, ese lugar de confort, es cuando existe una base genuina, un amor que aguanta que nos digamos: "Oye, ¿cuál es tu intención con esto que haces?", **"yo quiero decirte que a mí no me funciona, y yo seguramente te agredo cuando me siento lastimada por ti, cuando noto una actitud que considero difícil en ti".** En general, al otro le queda claro que has estado distante. Si lo hablas y lo aclaras, entonces cierras la posibilidad de que sea algo incómodo que habite en las tinieblas y provocas que se abra la comunicación... Ayudas a sanar.

GLORIA: *Suena tan sencillo en la explicación, ¿por qué no es tan fácil de ver?*

ALEJANDRA: Porque no nos vemos a nosotros mismos. **En el *coaching* hay un despertar total cuando escribes una lista de todo lo que te enoja de una persona y luego le das la vuelta, lo cambias por tu nombre y lo reflexionas para poder verte en los escenarios y en las dinámicas de las cuales te quejas.** Siempre nos queda muy claro que determinadas características están en el otro, pero si están en el otro, necesariamente están en ti, pues lo que haces es proyectarlas en esa persona.

Tienes que saber que **en el momento en que una persona y su realidad te roban la paz tienes un problema que resolver en ti.** Si, por ejemplo, alguien es impuntual y a ti te desequilibra esa situación, el problema se vuelve tuyo porque te quita lo mejor de ti; si la realidad es que probablemente él nunca va a cambiar, no va a ser puntual, tienes dos opciones: o te adaptas a la realidad de esa persona para no perder tu tranquilidad y felicidad, o decides no volver a verla, porque tu tiempo tiene importancia para ti y va con tu diseño de vida.

GLORIA: *Liberarnos es un objetivo permanente de quienes buscamos crecer y vivir mejor. Siendo libres nos comunicamos mejor. ¿Cómo empezar el proceso de liberación?*

ALEJANDRA: La conversación construye o destruye. Cuando terminas una conversación te llevas un tipo de energía que te desgarra o que te inspira. **Es muy importante cuidar nuestras conversaciones porque van de la mano con lo que nos edifica;** a veces no nos damos cuenta de cómo una conversación nos puede llevar a la salud, a la creación. Debemos saber que la crítica destructiva siempre nos dejará cierto malestar porque no nos deja crecer y distorsiona la realidad.

En las relaciones hay dos opciones. La primera es tener una conversación genuina y decir: "Esta manera en la que me estás hablando, la manera en que me respondes no está construyendo una relación entre nosotros. Por este momento, en lo que podemos establecer una relación que surja desde un origen de respeto, prefiero limitar nuestra comunicación para que yo esté protegida". **Al poner límites nos hacemos un favor,** y si esa persona despierta a esto y te dice: "Perdóname, me he dado cuenta que he estado fuera de lugar", has ayudado a refrescar la relación.

Algunos seres humanos tendemos a medir hasta dónde aguanta la otra persona, pero cuando frenas a alguien evitando que te falte al respeto, le regalarás la posibilidad de mirarse a sí mismo para que evite actitudes negativas.

En general, no queremos oír en qué hemos contribuido al malentendido. Nuestra primera reacción puede ser criticar al otro: "Escucha lo que dice, es un agresivo"... Pero no estamos abiertos a tener esa conversación porque no queremos que el otro nos diga:

"Bueno, resulta que tú también…" Entonces, no estamos dispuestos a trabajar para que realmente haya sanación y crecimiento usando a la otra persona, no para discutir, sino para unirnos en la relación, para que sea nuestra gran maestra y nos revele eso que no podemos ver de nosotros mismos.

4

Bloqueos

GLORIA CALZADA: *Cuando sentimos que se nos cierra el mundo, se ago-*
tan las opciones o simplemente nos negamos a abordar cierto asunto o
dilema que nos resulta incómodo y hemos pospuesto por siglos, estamos
bloqueados. El sentido común se bloquea también, todo se vuelve difuso.

ALEJANDRA: Es importante identificar los bloqueos porque son
la causa por la cual las cosas no suceden o no se transforman. **Exis-**
ten dos tipos de bloqueos: los emocionales y los mentales.

Los bloqueos mentales los identificas, por ejemplo, cuando te
enteras de que alguien conquistó algo padrísimo en su vida y a
ti nunca se te hubiera ocurrido, dices: "Qué raro, esa posibilidad
no la veo para mí". En *coaching,* por ejemplo, trabajamos con esos
bloqueos, pues muchas personas, quizá, tienen el deseo de tener
un impacto en su comunidad, o ser famoso, o de crear un tipo de
trabajo o un proyecto familiar, pero ello no está en su visión del
mundo o en su rango de posibilidades (según ellos), así que ni
siquiera lo consideran, no lo ven como una opción, lo ven como
una alternativa para los demás pero no para ellos. Esto es un punto ciego. Tal vez puede ser un problema de autoestima o de auto-
determinación. O tienen tan definida su imagen e identidad que
no caben otras posibilidades.

Es importante identificar esos bloqueos porque podemos ser
y hacer TODO. por la simple razón de que somos energía, somos
seres ilimitados y tenemos la capacidad de inventarnos en cada

momento. Por eso, debemos pararnos en la flexibilidad y preguntarnos: "Qué no estoy viendo hoy, en qué puntos ciegos estaré que no me estoy replanteando", y dejar de dar vueltas en la misma conversación que nos dicta: "Yo soy así, punto". Somos lo que creemos y estas creencias nos llevan a una acción o a otra.

Lánzate a ser lo que quieras ser porque lo que no estés haciendo es porque no hay una conversación que hable dentro de ti que abra esa posibilidad. Ábrela.

GLORIA: *Los puntos ciegos son grandes trampas de autosabotaje que nos colocan en situaciones que se repiten indefinidamente. Hasta que un día vemos con claridad cuáles son, y trabajando en ellos, el panorama mejora. ¿Cómo darnos cuenta de que estamos cayendo en un punto ciego?*

ALEJANDRA: Podremos encontrar que, como ejemplo, cuando eras chiquito quizá tus padres tenían expectativas de qué carrera deberías estudiar, con quién debías relacionarte, cuáles deberían ser tus tendencias religiosas, etcétera, y en consecuencia construiste creencias acerca de ti que probablemente hoy te limitan y te hacen pensar que "no eres inteligente para conquistar un sueño que no es el tuyo" o que "si sigues un camino diferente serías un fracaso para tus papás" porque te sales del esquema esperado para ti. Esto lo vives desde una conversación profunda, crees que eres *así* y te das cuenta que hay áreas de tu vida que están estancadas. Entonces vives patrones repetitivos o en dinámicas disfuncionales que activan estas creencias y te colocan en un punto ciego. Te darás cuenta de ello cuando te preguntes: "¿Por qué será que se me han presentado estas oportunidades y no las he tomado?" o "¿por qué será que no logro conquistar esto que para mí es importante?" No sabes exactamente de dónde viene la conversación, pero reconoces que dentro de ti no ves esa posibilidad. Eso es un punto ciego.

GLORIA: *Surgirán sentimientos encontrados al descubrir cuáles han sido esos puntos que nos han impedido explorar otras posibilidades, incluso de frustración. Pero en el afán de hacer esta tarea que es necesaria para avanzar, ¿cómo despierto de este punto ciego?*

ALEJANDRA: **Detecta afuera lo que no estás trayendo a tu vida. Por ejemplo, si deseas abrir un negocio que te gustaría, construir una familia, tener un tipo de relación, y no ves esas posibilidades dentro de ti, entonces nunca se van a materializar. Eso que ves en otros que deseas para ti, sólo búscalo y actúa en consecuencia.**

El bloqueo existe porque los seres humanos tendemos a evitar situaciones y eventos en los que evidenciamos las creencias de que somos poco suficientes o fracasados. Por lo que es importante eliminar dichas creencias en nosotros, para que lo que suceda afuera sólo sean eventos neutrales sin mayor significado. Que lo que suceda en el exterior no hable de quiénes somos, sino que ya tengamos una idea de que nosotros somos libres, suficientes, importantes, y que el fracaso y el error son relativos. Hay que saber caminar sobre las circunstancias y las oportunidades, porque de esta manera podremos entrar en áreas donde no hemos podido estar y romper zonas de confort emocionales que a la larga cobran muchos impuestos. Esto sin que la manera en que nos percibimos y la relación que tenemos con nosotros mismos esté alterada por eventos del exterior.

Primero tienes que reconocer que si estás atorado es porque hay creencias que te frenan para dar el siguiente paso; te está dando miedo vivir porque te frenas a ti mismo. Muchas veces sucede que no distinguimos la realidad de la fantasía. La fantasía está en la cabeza, en la historia que nos contamos, lo que nos contamos acerca de lo que vivimos. Es importante saber que éste es uno de los bloqueos más fuertes que existe. ¿Por qué? Porque allá afuera están todas las posibilidades. La conquista de estas posibilidades ilimitadas dependerá de nuestra capacidad como observadores. Dentro de nosotros viven en muchas ocasiones bloqueos enormes, habitan conversaciones que hemos creado acerca de nosotros que NO son reales; por lo tanto, **normalmente, el bloqueo más fuerte con el que luchamos es confundir la realidad con lo que llevamos dentro**. A lo que me refiero es que cuando está operando un bloqueo que en nuestra vida ha aparecido siempre igual, por ejemplo, resulta que nos hemos casado tres veces con la misma persona (aunque sean diferentes) o hemos terminado un trabajo por las mismas razones, y pensamos que es por culpa de "ellos". No nos damos cuenta que tiene que ver con la manera en que nosotros creamos estos escenarios, y reaccionamos ante ellos con lo que creemos acerca de nosotros. Como la mujer que dice: "¡No sé qué le pasa a mi hijo, cómo me falta al respeto, por más que le grito y le azoto la puerta para que pare no tiene fin!" No nos es evidente cómo nosotros somos aquello que vemos en el exterior y es ahí donde nos perdemos.

GLORIA: *Qué ironía incomprensible, que si somos capaces de tener una fantasía, la que elijamos, la más hermosa y generosa, nuestra mente "prefiera" crear escenarios mentirosos y feos que además acabamos materializando y de los que podemos salir dañados en muchos sentidos. ¿Cómo separas lo ficticio de la realidad?*

ALEJANDRA: Un ejercicio muy bueno para separar la realidad de lo ficticio es tomar una hoja de papel en blanco, hacer una raya en medio, y de un lado escribir cuál es el hecho (lo que sí pasó) y del otro cuál es tu interpretación. Lo interesante de esto es que tu interpretación se vuelve tu historia mental y sobre ésta te defines y defines la realidad. Si por ejemplo te definiste como una víctima, y escribes: "Esto no me debería haber pasado, los hombres son agresivos, etcétera", esto te limitará, porque sobre esta interpretación, tú tomarás la siguiente acción. Si te relacionas sólo con lo que ES real, se abre la posibilidad de elegir cómo quieres enfrentar el hecho sucedido.

GLORIA: *¿En todo este proceso somos sólo el* coach *y yo? En algún momento involucramos a alguien más. ¿Lo platicamos?*

ALEJANDRA: Sí. Una buena manera de ver los bloqueos es platicar con otros, pedir *feedback*, a lo mejor para ellos es evidente que nosotros creamos un resultado una y otra vez, así que es bueno preguntar: "¿Esto que me sucede, crees que tiene que ver conmigo? ¿Ves algo en mí que da estos resultados que yo no veo? **¿Cuáles creencias crees que cargo y que me limitan para conquistar todo lo que es posible en todas las áreas de mi vida?"**

GLORIA: *Sí, pero ésta no puede ser una conversación de café con un grupo de amigas. ¿A quién le abrimos esta puerta tan importante?*

ALEJANDRA: Con personas (pocas) con quienes no haya intereses de por medio. Busca alguien que tenga una relación neutral contigo y que tu éxito lo alegre. Tu mamá, tu pareja, pero que no sea el foro ideal para la queja o la crítica, sino para una conversación constructiva.

5

Las creencias

GLORIA CALZADA: *Todos los seres humanos estamos construidos de creen-cias y ninguna es verdad. Cuando las cuestionamos, nos damos cuenta de que nosotros elegimos creer en algo y así se vuelve una verdad absoluta. Así nacen las diferencias entre las personas, y somos capaces hasta de matarnos.*

ALEJANDRA LLAMAS: Sí, es fundamental revisarlas con el objeti-vo de dejarlas o cambiarlas por unas nuevas. Me parece que es en ese ejercicio donde nos quedamos estancados o nos potenciamos.

No nos damos cuenta de que cargamos con tantas creen-cias, a nivel inconsciente, y que ellas son las que operan, las que nos están moviendo en el juego de la vida.

GLORIA: *Confundimos o pensamos que es lo mismo una creencia que un valor.*

ALEJANDRA: A veces sí, porque un valor se vuelve algo que he-mos decidido creer, que se convierte en nuestra verdad y quizá sólo es una convención social. Esos valores hay que revisarlos para dejar a un lado los juicios que nos limitan y pararnos en las vir-tudes del ser. Me refiero entonces a darnos cuenta de si determi-nado valor nos funciona o no para nuestro propósito de vida; uno que tenga que ver con nuestro bienestar y que no afecte a nadie más o, por el contrario, si es una creencia adoptada, heredada o inventada y por lo tanto es necesario desecharla. Todo lo que nos separa de otros causa dolor y es inútil porque no construye nada positivo, ya que todos somos uno: *"It's a one man's show"*, como dice Byron Katie.

GLORIA: *Todo cambia constantemente y esto provoca que nos reinventemos y cuestionemos con la intención de confirmar nuestras convicciones. Cuando algo ya no nos funciona para nuestra vida, ¿cómo hacer para romper con una creencia que nos inculcaron pero que ahora consideramos errónea o caduca?*

ALEJANDRA: Cuando evalúes tus creencias revisa cuáles son las que te bloquean, las que no te permiten avanzar en el mundo o en tus relaciones. Tienes dos opciones: quedarte con esas creencias que son un freno en tu camino porque no van de la mano con lo que es real, o saber qué está en juego y moverte poco a poco para explorar otras creencias.

Las creencias son sólo eso, son pensamientos creados que hemos decidido creer, a veces a lo largo de generaciones, pero que no son una verdad absoluta, son tu verdad y con tu energía puedes darles fuerza o destruirlas.

GLORIA: *Muchas de nuestras creencias nos fueron inculcadas con la mejor intención por nuestros padres. Si al valorarlas decidimos que ya no nos funcionan, ¿de qué forma podemos convivir con nuestra familia al mismo tiempo que con nuestras creencias sin lastimar ni ofender a nuestra gente?*

ALEJANDRA: Volvemos a esa idea de que las creencias se nos pegan al ego y tenemos muchas ganas de tener la razón, de imponer nuestras ideas a los otros porque creemos que lo que pensamos es "la verdad" y no distinguimos que entre nuestra verdad y esto hay una gran diferencia. Hay que ser cuidadosos en cómo nos vamos a presentar frente a las personas que tienen ideas distintas. No podemos colocarnos en la posición de superioridad ni decir: "Yo te voy a enseñar cuál es la verdad que vale la pena y cómo tienes que vivir tu vida". Muchos hemos caído ahí en algún momento, pero aparecer así frente al otro, lo único que provoca es la separación, el aislamiento de la realidad y el conflicto con nuestra gente. Debemos aprender a ser curiosos de los demás en vez de sentarnos en una posición de juicio que nos resulta poco productiva.

Para mejorar la comunicación en el día a día es importante escuchar al otro. En el *coaching* hay un tema que se llama "escucha generosa". Parte del problema de no saber escuchar es que oímos lo que queremos oír, lo interpretamos según nuestra propia visión del mundo y llegamos a nuestras conclusiones a partir de lo que el otro dijo pero filtrado por nuestro criterio. **Un ejercicio muy útil es cuando le dices a otro que termina de hablar (tu pareja, tu amigo, tu mamá): "¿Me dejas repetirte lo que me acabas de decir para ver si realmente escuché lo que quisiste comunicarme?" El fin de esto es no quedarnos con nuestra interpretación, con nuestro discurso.** A la otra persona le sirve que te intereses por comprender lo que dijo y que no sueltes tu punto de vista acerca de cómo hubieras vivido tú tal situación, porque no tiene nada que ver contigo.

GLORIA: *Independientemente de su origen, ¿cómo saber cuáles creencias te sirven, te suman, y cuáles hay que desactivar?*

ALEJANDRA: **Ninguna creencia que te haga sentir mal, que te limite o que te haga sentir no suficiente o poco importante te sirve.** Estas creencias predominan en nuestra cultura y son propulsoras de muchas de nuestras acciones, adicciones, codependencias, etcétera. **Debemos cuestionar todo lo que nos aleje de vivir plenos con quienes somos.**

6

El *Tao*

GLORIA CALZADA: *El primer libro de Alejandra se llama* Una vida sin límites *y es una belleza en todos los sentidos. Cuando lo leí, me quedé con una sensación rica en el corazón. Esta filosofía tan añeja y lejana es pura alma y entendí por qué Ale estaba destinada a ser una personal coach especial. Porque es hermoso conocer algo del Tao, incluimos este breve capítulo.*

ALEJANDRA LLAMAS: El *Tao* ha sido una influencia muy importante en mi camino espiritual, en la conquista de mi desarrollo interior. Es una filosofía que surge de la sabiduría ancestral china acerca del *arte de vivir*. Impactó mi vida porque es una manera de entender el entorno desde un lugar suave con el fin de entregarte a cada momento.

Es difícil describir al *Tao* porque no es nada y es todo; es la esencia de la cual estamos rodeados, como el agua rodea al pez. El *Tao* está ahí, es inmanente pero no se ve. Muchas veces no nos hacemos conscientes de él y de su esencia maravillosa que está continuamente cobrando fuerza adentro y fuera de nosotros. El propósito del *Tao* es el gran camino de la vida, quien aprende a seguirlo encuentra su camino individual; el propósito del *Tao* es colocarte en armonía con todo y en cada instante; es estar presente con la cualidad especial de la contemplación; así, en vez de estar en la vida filtrando desde la mente analítica, nos invita a estar en la esencia misma, maravillados al observar que el *Tao* teje con su inteligencia el orden perfecto de tu vida, encontrando el balance en cada detalle.

El *Tao* te pide completa cooperación con él, que confíes en que él te está cuidando. Es una mano contenedora, le llaman "la energía de la madre tierra", es energía femenina que nutre al ser; existe antes de cualquier cosa, precede a la existencia del universo. Es de donde surge todo, por eso le llaman también "el vacío que nace de la oscuridad del misterio". Pero ojo: también existe en cada uno de nosotros, por lo que asimismo significa vivir en paz dentro de la búsqueda de ese misterio de no saber de dónde venimos o a dónde vamos, de no saber realmente quién rige este universo, pero reconociendo que está gobernado por reglas perfectas e inteligentes que nos sanan, que nos proyectan y que nos invitan a evolucionar a un lugar dentro de nosotros que desconocemos y que surge de este vacío.

GLORIA: *¿Cómo hacer un primer acercamiento a la filosofía del* Tao*?*

ALEJANDRA: Soltando la mente, entregándonos a la magia de cada momento, al contemplar sin fragmentar la realidad para tratar entenderla. **Nos han entrenado desde chiquitos a tener una mente dividida y cuando algo aparece frente a nosotros automáticamente clasificamos, nombramos, etiquetamos y juzgamos. Esto provoca que todo pierda su esencia.** El fin del *Tao* es volvernos uno con la experiencia y ponernos en un lugar de profunda cooperación, en una armonía permeada con el entorno que hace justicia a cada momento.

GLORIA: *Qué afán de los seres humanos de etiquetar todo, ¿no? Seguimos inventando adjetivos calificativos.*

ALEJANDRA: De alguna manera nos da seguridad y un sentido de control. El ego se regocija al sentir que entendemos el entorno, que lo definimos, que tenemos un significado para cada cosa.

Así, cobran nombre los árboles, las flores, los pájaros, etcétera. Pero ¿qué pasa cuando nombramos todo? El todo se vuelve nada, se convierte en algo fijo, pierde el espíritu, la esencia, la magia, y dejamos de ver que somos parte de esa naturaleza, nos volvemos seres divididos ante lo que vemos y ante lo que somos.

Nos encanta dar significados a lo que nos rodea. Queremos distinguir las diferencias entre cada cosa. El problema de esto es que la mente busca significados sobre significados, cuando éstos no son nada. Entonces, se pierde la riqueza del presente y nos limita para entrar en la magia de cocrear como esencias y no como seres que se enfrentan al día a día a partir del ego.

La cuestión es dejar de tratar de entender todo. Nuestra mente y la mente colectiva están tan enfermas que exigen darle significado a todo buscando una razón de ser, cuando estas historias y explicaciones son contenedores en los que estamos sumergidos que muy poco se acercan a la realidad.

GLORIA: *¿Es fácil incorporar el* Tao *a tu vida? Me suena tan lejano a mi estilo de vida y a la vez me llama tanto la atención, siento que a muchas personas les puede pasar igual.*

ALEJANDRA: El *Tao* te exige varias cosas… Pero son tan sencillas que por esto resultan complejas. Lo que el *Tao* propone es que des un paso atrás, que observes la esencia que está siempre presente, donde vive la magia, donde sucede el sincro-destino de las casualidades, donde los otros aparecen frente a nosotros siendo parte de quien somos; es entonces cuando nos entregamos desde el amor, desde la confianza, desde ver la grandeza en otras personas.

Por todo esto, el *Tao* pide confianza, cooperación, que abras los ojos otra vez como niño y vuelvas a observar el mundo sin etiquetas, sin juzgar, sin buscar significados: ver al pájaro y verdaderamente fundirte en él, ver el árbol y gozarlo, que la esencia de éste se vuelva tu esencia misma. Ése es el gran camino de los sabios, mismo que los niños reconocen sin esfuerzo porque están en secuencia y en el baile constante con el *Tao*. Su mente no está tan activa, tan llena de miedos y de resistencias.

GLORIA: *¿Cómo suma el* Tao *a nuestras relaciones personales?*

ALEJANDRA: Es un gran reto no tomarnos las cosas de forma personal. La humanidad no es perfecta, comete errores, miente, roba, es infiel. Hacemos lo que hacemos y tendemos a pensar que somos perfectos, que los demás actúan en contra de nosotros, pero, finalmente, cuando practicas el gran camino del *Tao* te das cuenta de que la humanidad es como es, pero que también hay un orden perfecto; que, por ejemplo, hay personas que se alejan de nuestra vida para permitir que entren nuevas. Esto está ligado al orden y al equilibrio que busca el *Tao* en nuestras vidas. Si podemos entender esto sin tomarlo en forma personal, entendiendo que lo que los sujetos hagan no tiene que ver con nosotros, entonces podemos dejar que fluyan nuestras relaciones personales manteniendo siempre nuestro centro.

Es sencillo y complicado a la vez. Complicado porque la mente nos tiene completamente arrollados con sus interpretaciones, significados y juicios, por lo que perdemos esta esencia que suena tan natural. Sin embargo, si actuáramos como los sabios, que parecen medio idos, encontraríamos la belleza de la vida desde un lugar suave y no forzado.

GLORIA: *¡Qué liberador! Qué generoso se volvería el trato interpersonal. Sería otro mundo si supiéramos relacionarnos así.*

ALEJANDRA: **El lenguaje neutral del** *coaching* **combina muy bien con el** *Tao*. Por ejemplo, simplemente decir: "No me habló", te coloca en la posición de víctima, pues esta frase se refiere a que una persona actuó hacia ti y te dañó; pero si lo cambias a "esa persona no habló", se neutraliza la oración. **El lenguaje es**

clave. Si dices: "Esa persona me robó", el problema es tuyo; si en cambio dices: "Esa persona robó", entonces el problema se acerca a la otra persona, es decir, a su responsabilidad por lo que escogió frente a la vida. Frente a eso tú no tienes mucho poder, sólo el que te da decidir si terminas un camino con ese alguien que actúa de determinada manera. Con esto dicho, puedes reconocer que te alejas con tu fuerza, y lo que esa persona hace no tiene que ver contigo.

GLORIA: *El Tao es una filosofía que te lleva a conquistar tu paz interior. Lo que ofrece esta paz es ir de la mano del amor, de la confianza, del bienestar.*

ALEJANDRA: **¿Cómo vas a estar bien si en nuestra cultura tendemos a repartir controles remotos a otros para que gobiernen nuestras respuestas emocionales?** Si continúas con esta actitud sucederá que si pican el número dos lloras, si pican el tres te enojas, si pican el cuatro te frustras… ¿Qué poder tienes frente a esto? Debes recoger todos los controles remotos que hayas soltado afuera y declarar: "Nadie tiene el poder de picarme los botones, yo estoy donde estoy y decido cómo voy a estar aquí. Lo que hagas y lo que decidas es acerca de ti, no tiene que ver conmigo".

7

Confianza

GLORIA CALZADA: *No veo posible una exitosa relación entre un* coach *y su cliente sin que la confianza entre ellos sea sincera y a prueba de balas. Desde ahí se emprende el camino juntos para llegar a las metas planteadas al inicio del encuentro. ¿Cuál es el valor de la confianza en general en el* coaching?

ALEJANDRA LLAMAS: **La confianza en nuestras comunidades y en nuestras familias es de gran importancia. Es un ingrediente relevante para generar y crear la vida desde un mejor lugar. Permite que el gozo renazca tanto en nosotros como en todo lo que se refleja alrededor.**

La confianza es como una moneda: o estamos de un lado o estamos del otro; no hay medias tintas. Si vives a partir de la desconfianza te conviertes en un tipo de persona o de comunidad que recurre al control, te interesa el poder, la paranoia es inevitable, el cinismo se vuelve parte de tu conversación y estás a la defensiva en todo momento. Es entonces cuando aparece la doble moral y las conversaciones donde nadie gana nada. Parados en ese lugar, nuestra vida parte del miedo.

Reconocer que la confianza está en constante construcción es vital. A lo largo de la vida nos van a suceder cosas dolorosas o frustrantes; por ello, lo que proponemos es justamente reconstruir la confianza, darle mantenimiento, porque si no te convertirás en un ser humano con carencias, empobrecerás tu energía y te alejarás de la creatividad, de la innovación y de la posibilidad de crear nuevos proyectos basados en la libertad.

GLORIA: *¡Desconfiar es agotador! Por distintas circunstancias nos hemos vuelto muy escépticos. ¿Qué pasa si nuestra capacidad de confiar está dañada? ¿Cómo reconstruirla?*

ALEJANDRA: Primero tenemos que darnos cuenta de que desconfiar y confiar es una elección, pero al desconfiar es imposible proponer una nueva realidad en cualquier plano de la vida. No debemos estacionarnos en una conversación de justicia o injusticia, sino en la posibilidad de ser alguien que pueda vivir en la paz, ya que **sin confianza no hay dentro de ti un lugar ni de armonía ni de transformación.**

En nuestra cultura tendemos a tomarnos todo personal, tenemos expectativas que radican fuera de la realidad, a veces exigimos lo mejor de nuestras parejas y queremos obtener un resultado específico, y cuando ésta no es lo que esperábamos, sentimos decepción y sembramos desconfianza. Por ejemplo, cuando un niño no tiene la posibilidad de confiar en su mamá o en su papá (en las personas que confiamos al nacer, aquellas que pretendemos que cubran nuestras necesidades desde nuestra más temprana niñez), lo que sucede es que se rompe su espíritu. Es vital observar, en la comunidad o en la familia, que si somos personas desconfiadas tomaremos acciones desde el sentir más pobre que tenemos, sin darnos cuenta de que lo que ponemos en juego es nuestro espíritu y que lo que estamos rompiendo es el alma misma.

GLORIA: *Supongo que la confianza en nosotros mismos es la más importante a cuidar. Si la sentimos frágil, o ausente, ¿cómo volver a confiar en nosotros?*

ALEJANDRA: Debemos comenzar por reflexionar cómo nos relacionamos con nosotros mismos, si confiamos en nuestros talentos, en lo que venimos a dar, en nuestra voz, en cómo contribuimos a ese nuevo futuro que estamos proyectando, dónde está esa palabra de confianza y, primeramente, dónde está dentro de nosotros y cómo hablamos de ella con las personas con quienes hacemos nuevos acuerdos.

Confiar en nosotros va de la mano con sostenernos en nuestra fuerza interna. El camino para lograr esto es conocernos mejor y desarrollar una relación tan poderosa con nosotros mismos, darnos cuenta de que eso que esperamos o pedimos al exterior podemos generarlo para nosotros y completarnos. Por ejemplo, si les exigimos a otros que nos quieran o nos reconozcan, mejor empezar a hacerlo con nosotros mismos, y así liberamos al otro de esa responsabilidad que no le corresponde.

Evitar confundir el confiar con el controlar. Un planteamiento común es: "Voy a confiar en ti, pero voy a poner reglas rígidas y mecanismos de control para poder hacerlo". Entonces cruzamos la línea de la desconfianza: queremos someter a alguien, dominarlo sin regalarle la posibilidad de ser responsable. Es decir, si confío en el otro debo tomar en cuenta que lo que él haga no tiene que ver conmigo. Así, yo dejo de ser una víctima de las acciones de las otras personas, tomo completa responsabilidad de mí. Si yo quiero vivir determinada situación, si quiero amar, primero me amo a mí mismo. Si otra persona me ama, lo recibo, si no me ama no lo tomo personal.

Es importante que hablemos con quienes nos rodean, crear compromisos, hablar acerca de la confianza, que ésta sea un tema que se ponga en la mesa, que se convierta en un compromiso hablado, claro y recíproco, ya que es el eslabón que fortalece la creación de cada relación. Al confiar sin hablar con otros creamos expectativas y tomamos por hecho que esas personas nos van a responder de determinada manera; al no expresar qué significa para mí confiar y qué acuerdos deben estar presentes, el otro seguramente tendrá una interpretación diferente y probablemente nuestras expectativas estarán fuera de la realidad del otro y de lo que puede proveer en ese momento, emocional o profesionalmente. En cambio, al ser claros, al tener una comunicación efectiva y al mantenernos realistas, solidificamos la manera en que nos relacionamos.

Lo importante en estos nuevos despertares (que pueden ser desde una nueva relación hasta reconstruir un país) es tener claro en dónde está esa confianza, ya que ésta es un pilar fundamental para que el nuevo futuro surja.

La confianza trae innovación, nos regresa el poder. Confiar es el gran paso a la evolución. Por ejemplo, a nivel político, la confianza da la posibilidad de expresión, de libertad. La auténtica confianza une a las comunidades y provee la oportunidad de generar nuevos proyectos, más complejos y cooperativos, que se den en un lugar y en una conversación de madurez.

Siempre hay que confiar en tu intuición, en tus corazonadas, pues ellas serán tus grandes protectores. Si has vivido una experiencia fuerte, que ha destrozado tu confianza y probablemente también parte de tu espíritu, es muy importante entrar en un proceso de reconstrucción, de rehabilitación del ser. A lo mejor no va a suceder de un día para otro, pero vivir desconfiados nos convertirá en un tipo de persona con determinados filtros que empañarán nuestra experiencia vital.

Si vas a trabajar por reconstruir la confianza ten en cuenta que confiar no tiene que ver con ignorancia o inocencia, sino con saber que existen riesgos y posibilidades. Si tienes el poder de elegir cómo vas a responder, entonces decidirás salvar tu espíritu y reconstruirlo, eso es fundamental en cada momento. Se debe reconstruir con cautela, con inteligencia, con sabiduría, con silencio, con lo que vaya de la mano para ti al escuchar tu interior, al mismo tiempo que das los pasos hacia la integración de tu ser. Es una reconstrucción que implica hacerla consciente siempre, porque pasan cosas que nos pueden decepcionar, que nos pueden poner cabizbajos, que nos quiebren expectativas. Vendrán retos para nosotros y nuestra sociedad, pero ante todo esto la confianza será el bálsamo del alma y, de ahí, el paso será más sólido, creativo, o sea que se transformará en la base que nos ofrece confiar.

8

El miedo

Gloria Calzada: *El miedo es una emoción que nos gobierna en diferentes circunstancias. Nos paraliza y esclaviza. Somos capaces de cualquier cosa con tal de escapar de este sentimiento que va del temor al terror. ¿Qué hacemos ante su presencia?*

Alejandra Llamas: El miedo se divide en dos ramas: el real y el mental. Pero hablaré primero del miedo real (interno), al que se le puede identificar como esa sensación de sobrevivencia que está relacionada con un peligro real, inminente, que está frente a nosotros y que es algo completamente legítimo e instintivo; se manifiesta en una situación en la que, o tomamos una decisión, o verdaderamente está en juego nuestra vida o nuestra salud.

Gloria: *¿Qué hacer si estamos en una relación violenta o en una situación peligrosa y el miedo provoca una ceguera que nos imposibilita encontrar opciones para salir bien librados?*

Alejandra: En este caso tenemos que tomar en cuenta algunos puntos importantes, como reconocer y poner en palabras qué está pasando. Si estás en un matrimonio donde tu esposo te agrede, tienes que confrontarte con ello, con que es un hecho, y que tal vez llegará a un punto en el que estarás poniendo en riesgo tu vida. Es vital que te liberes de ser víctima de esa situación y pedir ayuda; siempre tendrás alrededor los recursos necesarios para salir del miedo, si no los ves es porque el miedo te tiene paralizado.

En estos casos, la acción es lo único que va a moverte a otra dirección. No te exijas una gran proeza, con que des un pequeño paso hacia la liberación, irás rumbo a la salida de esta crisis.

Acordémonos que, aunque la situación sea muy riesgosa, siempre habrá un lugar dentro de ti en el cual refugiarte, desde donde sentirás la fuerza interior para crear estrategias; pero si te inunda el miedo, si pierdes el poder, no podrás desarrollar estos pasos, no tendrás la claridad de plantearte: "Estoy frente a esta situación, ¿cuál sería mi mejor estrategia?" Hablamos de cuestiones de energía, por eso debo pensar que si estoy en manos de estas personas (cuya energía probablemente está muy distorsionada, acelerada y torcida) tengo que centrarme en un lugar donde mi energía contrarreste la de ellos, así, trataré de mantenerme en mi centro, en el lugar más profundo de respiración y de paz. Lo que muchas veces nos paraliza en una situación amenazante son los pensamientos sobre lo que podría pasar en un futuro; por lo tanto, si te quedas en el presente, te quedas en un lugar donde las posibilidades podrán manifestarse, donde podrás crear una estrategia que funcione; tratar en mayor medida que la energía de la situación no nos invada, como lo dice Victor Frankl en sus obras. Sobreviviente de campos de concentración, las palabras del doctor Frankl describen un temple esperanzador en la capacidad humana de trascender sus dificultades y descubrir una verdad dentro de uno mismo que nos rescate en situaciones extremas.

GLORIA: *Otras veces el miedo es producto de nuestra imaginación. No es real, pero se siente lo mismo. ¡Qué feo!*

ALEJANDRA: Ésa sería la rama "b", o sea el miedo que tiene que ver más con nuestros pensamientos que con una cuestión real en la cual estemos arriesgando la vida. Entonces, una vez que reconocimos qué es lo real, es muy importante que dejemos de someternos a esa situación (tenemos que reconocer nuestro poder y evaluar que lo que nos mantiene ahí es el miedo y que es él el que nos ciega para ver posibilidades). Para lograrlo debes sentarte a crear un plan de acción, aunque sea cortito, aunque sean cinco pasos, pero esto moverá tu energía a otro lugar y poco a poco se te ocurrirán más cosas.

GLORIA: *Pensemos en opciones para desarmar el miedo mental, desarrollemos un sistema que funcione en estos casos.*

ALEJANDRA: Donde hay miedo hay opción de crecimiento. No está mal sentirlo. Lo que funciona en estos casos es visualizar lo que queremos lograr más allá de nuestro entorno y **no esperar a sentir miedo**, sino tomar acciones y vivir a pesar del miedo para crear realidades fuera de esos limitantes mentales.

Es muy importante reconocer que el miedo es la sensación que más nos aprisiona, que más nos limita, que nos encarcela; que la gran mayoría de estos miedos son simplemente pensamientos sobre el pasado, sobre cómo lo hemos interpretado, y de lo cual queremos protegernos en el presente o frente a los riesgos de un futuro.

El miedo se produce por algún pensamiento que hemos arrojado como verdad. Por ejemplo, aparece en nuestra realidad un perro, yo pienso: "El perro me da miedo, me va a morder", ese pensamiento arrojará una sensación, en este caso será el miedo. Si lo reflexionas, te darás cuenta de que no es el perro el que te produce miedo, sino lo que piensas acerca del perro, lo cual tiene poco que ver con la realidad.

El miedo surge de una sensación que viene del pasado, una que traes al presente y proyectas hacia el futuro; es un pensamiento que dicta lo que puede pasar, pero lo que sucede con esto es que minimiza mi presente y las posibilidades que pueda experimentar en él. Vivir en el presente es liberador.

Es interesante explorar en este tema algo que he visto en mis clientes. Muchas veces tienen miedo a equivocarse, a fallar; porque hay algo dentro de ellos que los hace sentirse inadecuados. Muchos de sus miedos surgen cuando tienen que actuar y sienten que el "no", un rechazo o no lograr las expectativas o los resultados deseados van a poner en evidencia sus fallas como seres humanos. Como que de alguna manera van a quedar en descubierto de no ser *suficientes*. Debemos permitir que la vida sea y salirnos de expectativas, lo que hagamos, que sea con el fin de hacer nuestra vida más divertida, rica en experiencias y no para definir valor en nosotros, ya que en esa ruta ilusoria traeremos poco amor y reconocimiento a nosotros simplemente por ser.

Es importante reconocer que el ser es atraído a mantenerse/quedarse en situaciones por miedo, porque el miedo lo mantiene seguro, cuando esto es un engaño. Para vencer un miedo es necesario ver qué estás ganando dentro de la situación y qué ganarías fuera de ella. **El miedo es el mejor aliado del** EGO.

Los miedos son falta de fe y viven en la pregunta: "¿Y qué tal si...?"

Cosas a las que no debes temer:

- Equivocarte.
- Miedo al rechazo o al engaño, a no ser amado.
- Miedo a hacer el ridículo.
- Miedo a no agradar.
- Miedo a decir que sí a una oportunidad.
- Miedo a no tener una postura poderosa (física, mental y espiritual).
- Miedo a tu grandeza y al poder de tu voz.
- ¿Qué es más doloroso: quedarte paralizado o decirle sí a la vida?

9

Vivir en pareja

GLORIA CALZADA: *Si en nuestro proyecto de vida está el vivir en pareja, en cualquiera de sus múltiples posibilidades, habrá que estar abiertos a nuevos planteamientos por ser un tema relevante. El coaching tiene mente abierta. Es incluyente y da la bienvenida a la integración de ideas y maneras de vivir distintas de aquellas con las que hemos construido relaciones durante toda nuestra vida.*

ALEJANDRA LLAMAS: **El *coaching* propone usar a nuestras parejas como grandes maestros.** Hay clientes que se quejan de los comportamientos, de las acciones, de lo que dicen sus compañeros de vida; me he dado cuenta de cómo se ciegan sobre quiénes son frente al otro y cómo contribuyen a estas dinámicas. Por lo cual, mucho de lo que se vienen a quejar son características que tienen ellos. Es como un espejo. Me cuentan que están hartos, que necesitan que cambien ciertas cosas, me explican que no están siendo felices o que están amargados en la relación o muy frustrados. Lo que te propone el *coaching* es tomar una nueva postura y utilizar al otro para que él/ella sea tu guía para revelarte y darte autoconocimiento. Si no, lo que sucede es que cambiamos de pareja pero vivimos lo mismo con una nueva, generamos exactamente el mismo malestar y no entendemos por qué obtenemos resultados iguales una y otra vez en diferentes escenarios.

GLORIA: *Todo empieza con una buena comunicación para poder llevar a la práctica esta propuesta. Se planteen objetivos, deseos y necesidades. Hacerlo pronto y amorosamente. ¿Paso número uno?*

ALEJANDRA: Las dos personas deben acordar qué quieren lograr como pareja. El gran problema que hoy en día tienen las parejas es que está en juego el dicho: "¿Quieres tener la razón o quieres ser feliz?" Muchos de nosotros caemos en la necedad de querer tener la razón, de querer ganar las batallas dentro de la relación, porque ésta en un momento dado se vuelve una plataforma de uso de poderes, más aún al inicio, cuando se está estableciendo.

En el momento en que una pareja decide vivir juntos tiene el reto de los primeros años. Éstos en general son difíciles porque los dos quieren ser protagonistas, los dos quieren decir, los dos defienden ideas y opiniones. Pretenden que su punto de vista sea el predominante; desde ahí construyen su relación, desde un lugar fragmentado, sin permitir que aquel con quien comparten su vida sea un ser independiente, sin crear una relación en la que los dos tengan ideas, opiniones y deferencias (sin que esto sea una amenaza), en la que los dos puedan contribuir. **La mente puede no estar de acuerdo, pero el corazón debe estar en paz; el propósito de los dos debe ser sembrar una relación de madurez, de responsabilidad.**

Cuando estamos en dinámicas que nos provocan sufrimiento es importante transformar esa experiencia en algo que nutra la manera en que nos vemos frente al otro. Para ello debemos observar en nosotros de qué manera contribuimos a estos escenarios. Preguntarnos: "¿Cómo participo en esto que veo en ti, o en esto que sucede en la pareja?" Debes despertar a la idea de que tú también generas esta vivencia; por ejemplo, mi pareja me es infiel cuando yo no le soy infiel a ella. Si no lo eres literalmente, es decir, con otra persona, explora de qué otra manera sí estás siéndolo.

Haciendo esta reflexión contribuimos a la relación, neutralizando nuestras posturas de juicio y queja y abriéndonos a conocer realmente al otro. También será la manera en la que la relación construya una plataforma, para ser compañeros, cómplices y amigos, y que de ahí surja todo lo demás.

GLORIA: *Cuando la relación ya tiene algunos años y pasa por crisis y caos, o simplemente desgaste, el mismo sistema sirve para reconstruir.*

ALEJANDRA: Principalmente tienes que ser franco contigo mismo, y a partir de esto decidir si lo que quieres es la paz y el crecimiento dentro de esa relación. Muchas veces llegamos a tener pensamientos como los siguientes: "Quiero estar en paz, pero cómo voy a estar en paz si él no me deja, me agrede, es así..., llega tarde". Una vez más caemos en la conversación acerca del otro. Entonces, el planteamiento vuelve: ¿quieres estar en paz? (porque hemos hablado de que también existen personas que se alimentan y enganchan de estas dinámicas pobres). Ahora bien, si decides que sí, tu mayor compromiso es la paz, así tengas una relación de veinte años o la estés iniciando, frente a este acuerdo te pararás todos los días, porque éste te llevará a una acción. Cada amanecer lo fortalecerás al afirmar: "Voy a estar en paz", actuarás en función de ella sin importar cuáles sean las circunstancias u obstáculos que enfrentes. Cuando la pareja haga algo en lo que tú no estás de acuerdo, tienes dos opciones, sólo dos: **la primera es aceptar las diferencias entre ustedes y vivir con ellas desde la neutralidad de la paz (si decides este camino, ten claro que lograrlo es muy importante, ya que adaptarte a las diferencias del otro, sin poner en juego el respeto por ti mismo, es un gran crecimiento espiritual si la relación funciona; pero ojo, aquí ya no se vale la queja); la segunda opción es retirarte.** Si te das cuenta de que no podrás vivir con alguien porque hacerlo implica vivir en la queja, amargado, sintiéndote la víctima de esa persona, o existe abuso, lo valiente es dejar esa relación y moverte de lugar.

Les voy a compartir un ejercicio excelente para que lo pongan en práctica: **Tomen una hoja de papel, escriban todo lo que les gustaría que su pareja hiciera por ustedes o que cambiara de sí mismo, por ejemplo: "Él debería de tener mejor temperamento", "él debería respetarme", "ella debería ser más cariñosa", "él debería ser más puntual"; escriban una lista de todas esas cosas que día a día aparecen en su mente y que han cargado durante tanto tiempo (los reclamos, las quejas, los juicios). Cuando la terminen, sustituyan el nombre de su pareja por el suyo, entonces escriban, en vez de "él debería tener mejor temperamento", "yo, Alejandra, debería tener mejor temperamento". Ésta es una manera de jugar en situaciones en las que ustedes claramente también participan para crear parte de esa dinámica que les disgusta. Así, a lo mejor pueden verse a ustedes mismos actuando en las formas que odian del otro. Tal vez, aunque sea un poquito, podrán observarse a sí mismos a través de sus mismos reclamos, y al pulir en uno semejantes actitudes, dejamos que la otra persona se haga responsable de sus propias acciones. Si queremos que quien cohabita con nosotros cambie, entonces es fundamental empezar con el ejemplo, no en decirle lo que nos disgusta, sino en actuar de una manera diferente.**

Cuando comienza el cambio en ti puedes darte cuenta de muchas situaciones en las que, por ejemplo, no estás siendo cariñosa y a lo mejor las justificabas diciendo: "Bueno, no soy cariñosa porque él tiene mal temperamento", pero lo cierto es que no estás siendo cariñosa y alguien tiene que romper esa dinámica.

GLORIA: *No debemos preocuparnos si sólo uno de los dos está en esta voluntad de modificar la dinámica de la pareja hacia algo mejor. Con que uno de los dos lo haga, las cosas empiezan a moverse.*

ALEJANDRA: Hablemos de Byron Katie y sus libros. Ella plantea algo muy fuerte pero muy sabio: "La primera vez que te agrede un hombre él tiene absolutamente toda la responsabilidad, la segunda vez que te golpea tú te agredes a ti misma". Desde el primer momento en que nos suceden este tipo de cosas debemos tomarlo como avisos frente a los cuales es vital tomar decisiones importantes. Si hacemos la oración: "Él debería respetarme" y lo sustituyo por mi nombre, la manera de respetarme sería alejándome de esa relación, lo cual sería un gran despertar al ver toda la responsabilidad y el campo de acción que adquirimos con ello; a partir de ahí nos aparecerán posibilidades; pero cuando estamos actuando desde el reclamo o la queja, estamos siendo víctimas y no tenemos poder alguno. Por lo tanto, nos sentimos encarceladas, porque estamos echando la luz a un lugar desde donde no podemos hacer nada y desde donde la dinámica de la pareja no se puede modificar.

GLORIA: *No estamos hablando de casos extremos de violencia y agresión, ¿verdad? Para eso es imprescindible acudir a otras instancias de ayuda y protección.*

ALEJANDRA: Si estamos metidas en una dinámica así, de violencia, probablemente habrá muchas fallas de autoestima; quizá la causa sea porque hemos arrastrado desde nuestra infancia relaciones similares y por razones profundas repetimos el patrón. Yo le aconsejaría a cualquier persona que esté en una situación devaluada que busque ayuda profesional (ya sea terapéutica, de *coaching* o seminarios) para que sane lo que hay dentro de su ser, para que tome conciencia de las declaraciones fundamentales de su persona, ésas que la llevan a recrear estas dinámicas (si es que éste es un patrón repetitivo en su historia o si no ha podido salir de dicha situación).

Ha habido mujeres líderes muy valiosas a lo largo de la historia que nos han abierto a la libertad, mujeres que han trabajado para que ahora nosotras tengamos derechos, tengamos voz. Han arriesgado sus vidas o inclusive las han perdido para que nosotras hoy tengamos este poder. No podemos tirar a la basura esto, es importante saber que, aunque sean mínimas las posibilidades que existen, éstas son pequeñas luces de esperanza y tenemos la responsabilidad de caminar hacia ellas.

10

Las declaraciones que diseñan la relación
de pareja

GLORIA CALZADA: *En* coaching *se emplea la palabra* declaración *donde otros usan* decreto, *¿cuál es la diferencia, Ale?*

ALEJANDRA LLAMAS: El *decreto* se usa como una afirmación. La **declaración es el único momento en que el coaching visita el pasado.** Declaramos quiénes somos, qué somos capaces de hacer, qué es posible o imposible en nuestras vidas.

Pero en gran medida, estas declaraciones viven en un estado inconsciente y desde ahí construyen nuestro presente y nuestro futuro.

Hemos hecho declaraciones desde niños. Explorar cuáles han sido estas declaraciones te llevan a lugares profundos de autoconocimiento. Cuando nosotros de chiquitos vivimos una experiencia, definimos quiénes somos a partir de ésta y cómo funciona el mundo a nuestro alrededor; así, declaramos entonces qué es la realidad y quiénes somos nosotros. Las declaraciones no necesitan evidencia, con que las creamos es suficiente. Cuando somos niños, declaramos según lo que interpretamos acerca de lo que vivimos y estas declaraciones se vuelven nuestra verdad; una de muchas que pudieron ser elegidas, ya que según la interpretación que hagamos de lo vivido, cambiarán nuestras declaraciones y por lo tanto nuestras verdades; es decir, no son la verdad universal. Sin embargo, para nosotros se convierte en quiénes somos y cómo nos vamos a relacionar con la realidad de ese momento en adelante.

Si lo vemos en función de las parejas, es muy interesante; les voy a poner un ejemplo muy sencillo: cuando eres niña, un día llega tu papá de muy mal humor, tú tienes cuatro años, tu papá te agrede, te da un empujón o te grita; te sientes ofendida, te vas a tu cuarto; vives este hecho con gran dolor y desde tu interpretación, desde tu experiencia haces una declaración. Esas declaraciones nacen desde nuestras emociones, provienen de un lugar muy profundo... Quizá esta chiquita declaró: "Nunca me vuelvo a acercar a un hombre, porque si mi papá me golpeó o me gritó, quiere decir que los hombres no son de confianza". Esta oración la haces a un nivel inconsciente para protegerte emocionalmente. Cuando el papá vuelve a llegar de mal humor sientes el peligro de ser agredida. Con la declaración, entonces, hay protección y es preciso alejarse. Pero cuando ya tienes treinta o cuarenta años y sigues con esa declaración, te das cuenta de que no has podido acercarte a un hombre o tener pareja por algo que declaraste desde pequeñita.

Esto es lo interesante de explorar esas primeras declaraciones: saber cuál de ellas ha frenado tu desarrollo. **Investiga qué hay dentro de ti, qué declaraciones pudiste haberte hecho para hacer unas nuevas que se alineen con lo que quieres vivir.**

GLORIA: *Ahora, llevando las declaraciones preexistentes al terreno del amor, ¿cuál es el común denominador con el que diferentes parejas se pueden identificar?*

ALEJANDRA: Muchas veces es el miedo que se desarrolló a partir de situaciones que vieron en sus papás. Tuve una clienta que desde chiquita vio a su mamá débil frente a las actitudes del papá; él era agresivo y ella sumisa; ante esto, mi clienta declaró: "Yo nunca seré como mi mamá, nunca dejaré que un hombre me maltrate, si yo fuera ella ya me hubiera ido, hubiera sido más fuerte". Cuando cuestionamos por qué se había divorciado y por qué no cuajaba ninguna relación de pareja descubrimos que era por la relación que tenía con su madre; la manera en que su madre se había relacionado con los hombres y la declaración que ella hizo en función de superar actitudes que juzgaba en su mamá. Esa declaración fue: "Yo no voy a ser como tú". Esta declaración fue tan fuerte que formó una barrera ante la relación con los hombres.

GLORIA: *Siendo tan añejas y profundas, encontrar cuáles son estas declaraciones ameritará un buen clavado a nuestro pasado y algún lugar escondido de nuestra alma y memoria. ¿Cómo encontrar esas declaraciones y cómo manejarlas?*

ALEJANDRA: Primero, una manera de hacerlo es escribir cuáles fueron los hechos más importantes que viviste en función del sexo opuesto; después recuerda qué actitudes de tu mamá o tu papá crees que influyeron en ti para hacer ciertas declaraciones. **Tendemos a ser competitivos con nuestros padres y cuando algo nos molesta de ellos creemos que nosotros lo haremos de otra manera, o mejor, pero esto a veces cobra impuestos.**

Por otro lado, no nos damos cuenta a qué nivel los mensajes de nuestros padres nos marcan para declarar. Por ejemplo, pudieron habernos dicho: "Estás muy fea" o "nunca encontrarás pareja"; estas declaraciones pueden también moldear nuestras creencias y distorsionar la manera en que nos relacionamos. Por ello es fundamental retomar estas declaraciones con el objetivo de descubrir si definen nuestra realidad.

GLORIA: *¿Podemos cortar este círculo vicioso de atorarnos con estas declaraciones que además ya son caducas y sólo estorban? ¿Cómo?*

ALEJANDRA: **Las declaraciones se pueden retirar por completo porque no tienen evidencia. Éstas son lo que hemos decidido creer y como están arraigadas al cuerpo emocional es fundamental sanarlo.** Hay que sanar las emociones; cuando estamos cerca de nuestra pareja, es de suma importancia saber qué declaraciones

65

de defensa hemos hecho y estar muy atentos a nuestro lenguaje (si estamos a la defensiva y si buscamos defectos en el otro). Recordemos que nuestra declaración, nuestro lenguaje y nuestra actitud frenarán o no el crecimiento de las relaciones interpersonales.

GLORIA: *Suena esperanzador que nos digas que señalando cuáles son estos frenos emocionales, podemos trascenderlos y crecer, cambiar.*

ALEJANDRA: Sí, el gran paso es decir: "Voy a cambiar, porque me doy cuenta de que traigo un freno dentro que tiene que ver conmigo, tiene que ver con algo que yo me dije en un momento dado".

GLORIA: *Por lo tanto, ¿declaración es igual a un patrón de conducta?*

ALEJANDRA: **Necesariamente. Cuando nosotros tenemos una declaración podemos saber que la tenemos porque nuestra realidad nunca ha sido diferente; o sea, podemos dar cuenta regresiva y nunca relacionarnos con los otros de una manera distinta porque la declaración no lo permite.** Cuando estoy en un seminario le digo a mi clienta: "Dime si alguna vez has vivido alguna situación de pareja diferente"; su respuesta es: "Nunca". Esto es lógico, porque ahí radica la fuerza de la vivencia que tienen las declaraciones, las cuales justifican que el problema está afuera.

Las declaraciones son muy importantes, aparecen en cualquier situación; por ejemplo, en las que tienen que ver con el dinero o la salud. Son éstas las que diseñan lo que es posible para nosotros.

GLORIA: *Es interesante pensar que las declaraciones que aplicamos hoy pertenecen a una época que ya no existe. Me parece fascinante y terrible a la vez. Me impacta pensar que uno siga tomando acciones y decisiones con conceptos que cargamos desde hace otra vida, en la que éramos distintos y el mundo también.*

ALEJANDRA: Las acciones que tomamos o cómo diseñamos nuestra realidad tienen como base una declaración. Lo ideal es que todas nuestras declaraciones estén revisadas y equilibradas con lo que queremos lograr, que sepamos qué impacto tienen en nuestra vida y una idea de cuándo se crearon para que en el ahora actuemos desde un lugar de mayor madurez y equilibrio.

Además, esas declaraciones que nos hacemos desde niños son generalmente muy inmaduras; por lo tanto, en la técnica del *coaching* se recomienda que de adultos hagamos un ejercicio profundo para descubrir las declaraciones que llevamos dentro. Para lograrlo, **escribe cuáles son los hechos fundamentales que viviste, los que tuvieron importancia en tus relaciones, y define qué interpretaste de esos sucesos; en el siguiente renglón, abajo de tu interpretación, surgirán tus declaraciones.** Es decir, viviste una situación, la interpretaste, en el fondo, en tu emoción, dijiste algo acerca de ti, algo acerca de cómo vivirías tu futuro y algo de cómo funcionaba la realidad. Por ejemplo, mis papás se pelearon ocho años por dinero durante el divorcio. Yo interpreté de esto: "No vale la pena pelearse por dinero". Mi declaración se volvió: "El dinero no es importante". El resultado es que tengo una relación indiferente hacia el dinero. Tengo que replantear mi declaración para alinearla a la mujer que soy y la realidad que quiero crear.

GLORIA: *Si este patrón derivado de las declaraciones nos ha acompañado por mucho tiempo y ya estamos acostumbrados a él, ¿tendremos* separation anxiety? *¿Nos dará temor deshacernos de él?*

ALEJANDRA: Mi profesor de yoga dijo: "La única manera de encontrar la profunda felicidad es conquistando el miedo". Cualquier situación se apega a esto si nosotros queremos realmente vivir una experiencia de profundo gozo. En la relación de pareja tenemos que estar dispuestos a vencer los miedos, aquellos que nos frenan a entregarnos, a confiar, a abrirnos. Así, tus miedos deben ser grandes puertas, porque después de soltarlos vendrá el gozo, el cual no viviremos si no estamos dispuestos a conquistar y a caminar a través del temor.

GLORIA: *¿Qué pasa si al inventariar nuestras declaraciones son muchas y se nos amontonan? La cosa está más complicada de lo que esperábamos. ¿Cuándo es demasiado?*

ALEJANDRA: Si detectas que tus declaraciones son inmaduras, que están fuera de contexto y que no te dejan avanzar hacia las conquistas que deseas, es importante que te des cuenta de que necesitas el apoyo de un *coach* o de alguien que te ayude porque son puntos ciegos. El *coaching* es extraordinario para sacar a la luz declaraciones profundas; si son superficiales, a lo mejor tú misma puedes trabajar con ellas. Pero, si tienen mucha carga emocional, yo les recomendaría que busquen ayuda profesional o asistan a un seminario de *coaching* para que se den la oportunidad de profundizar en ustedes. Valdrá la pena.

GLORIA: *Un día, en una sesión con Alejandra, me deshice de una antigua declaración en exactamente diez minutos. Literalmente sentí cómo se desvanecía, abriendo un espacio de paz ante un tema repetitivo y estorboso.*

11

Comunicación efectiva con niños
y adolescentes

GLORIA CALZADA: *La* personal coach *nos habla de cómo aplica su trabajo en su rol de mamá. Este capítulo aplica para padres de adolescentes al borde de una crisis. Mamá, coach en acción.*

ALEJANDRA LLAMAS: Tengo dos chiquitos, uno de diez y otra de nueve años. Esto es un reto porque justamente es una relación que se hace día a día y nos agarra en nuestras altas y bajas. Existen técnicas que me han ayudado mucho a fortalecer el vínculo madrehijo y a que éste verdaderamente sea un gozo, más que una carga.

Un punto muy importante es saber que un niño o un joven, más que ser una persona definida por una edad, es un alma, es un ser completo, perfecto, sabio, que viene a este mundo a buscar su llamado y a encontrar su camino, que no tiene que estar relacionado necesariamente con el de sus papás. Lo que quiero decir es que los padres somos acompañantes de esa alma y que nuestra responsabilidad es conocerla y caminar con ella a lo largo de su vida. Si logramos ver la grandeza de espíritu de nuestros hijos y volvernos verdaderos compañeros, alma con alma, daremos el primer gran paso para construir una relación sana con ellos.

Muchos de nosotros tendemos a crear interpretaciones sobre quiénes son nuestros hijos (cuando los vemos lo único que hacemos es proyectarles esa interpretación) y nos relacionamos desde nuestras expectativas y a partir de lo que juzgamos, de lo que ya determinamos. Sin embargo, el niño trata de que lo conozcamos,

69

no de que lo definamos. Éste es un punto y una distinción significativa en una relación con alguien que está descubriendo y revelando quién es frente a la vida.

Si existen dinámicas que no están funcionando, debemos tomar el rol del adulto y aparecer frente a esa relación maduros y responsables. Esto significa que, si hay una dinámica de gritos, de insultos o de cualquier otro tipo de faltas de respeto, nosotros seamos los primeros en dar un paso atrás y no ser parte de esa situación para lograr romperla. Si en la relación lo que los tiene enganchados es el ego, esto provocará una escala de poderes, ya que esta dinámica no tiene fin. **Muévete al amor y busca cómo mostrar tu fuerza como padre desde esta energía y no desde la imposición, que no es real,** y sólo enseña a tus hijos maneras de ser que se te regresan.

Cuando dudes sobre alguna cuestión relacionada con tu hijo, regálale la confianza, confía en lo que te dice, en que tomará buenas decisiones, independientemente de que lo estés monitoreando y de alguna manera acompañando en la vida; regálale la posibilidad de que sea ciento por ciento responsable; si se equivoca, permítele vivir con las consecuencias y aprender de ellas.

Uno de los grandes errores que observo es quitarles la confianza tanto a nuestras parejas como a nuestros hijos. La consecuencia es que los miramos entonces como chiquitos, como seres no confiables, como personas frente a las cuales somos más importantes, situación que se vuelve más una cuestión de ego que de realidad. Le pregunto a mi hijo:

—¿Ya hiciste la tarea?

—Sí, mami, ya la acabé.

—¡Ah, qué bueno!

—En serio, ma, ya acabé.

Por supuesto que sí, si me está diciendo que ya la acabó, ya la acabó. Yo no voy a ver su hoja de tareas, yo le regalo de antemano la confianza, eso es lo que lo hace muy fuerte y muy grande frente a mis ojos; así, él tiene la necesidad de mantener esa grandeza que yo le he regalado porque ante todo le regalé la confianza.

En las relaciones se crean ciertas dinámicas porque la comunicación no es sólo verbal sino también corporal: los ojos, el cuerpo, las posturas, hablan de cómo estamos presentes en la relación. A veces, cuando comienza una dinámica de reto o de poder, éste va en aumento y no hay *llenadera*: el niño quiere probar su poder mientras los padres quieren probar el suyo hasta que llegan a un punto donde es intolerable la relación.

A esto es a lo que me refiero cuando digo que debes dar un paso atrás: si ves que actúa agresivamente, que te azota la puerta, que te contesta feo o te miente, inmediatamente, como adulto, debes observar cuál es tu lenguaje, porque a lo mejor crees no estar diciendo nada que provoque semejantes actitudes, pero tal vez tu lenguaje corporal te delata.

En repetidas ocasiones nos sentamos a hablar con un adolescente ya con una agenda en la mente: "Le voy a decir esto", "tiene que entender tal cosa", "aquí hay límites", "aquí hay reglas" pero a través de una comunicación que se manifiesta a la defensiva o con agresión; otras veces actuamos suaves y permisivos, sin hablar de frente con ellos. Por lo tanto, el joven se cierra y se crea una conversación de ego con ego, de poder con poder, o de debilidad.

Es importante bajar la guardia, madurar tus posturas. Esto no quiere decir mermar la autoridad, sino actuar desde la humildad y la fuerza; esa luz es mucho más poderosa que estar peleando contra los egos. ¿Dónde quedamos cuando regañamos? Ábrete a la posibilidad de honrar al otro, de reconocerlo, de que su voz sea escuchada… ¿Cuántas veces nos hemos sentado con ese joven realmente a escucharlo, a ser curiosos de lo que está viviendo sin querer imponernos, simplemente que ése sea el gran regalo del

71

momento mientras reflexionamos sobre nuestro lenguaje corporal y visual frente a él y en cómo él nos está viendo a nosotros?

Una de las claves en el *coaching* **frente a un cliente es que tus preguntas inicien con "cómo" y "qué".** Ésta es una técnica para que la comunicación sea efectiva y arroje posibilidades. Si te vas a sentar con un joven o con un niño a hablar puedes hacerle preguntas como: ¿qué te gustaría lograr con eso? ¿Cómo te puedo apoyar en lo que quieres lograr? ¿Cómo te gustaría que yo participara en lo que estás haciendo? **De esta manera, se convierte en una conversación que otorga responsabilidad a ambos con el fin de actuar para crear juntos.**

Si, por ejemplo, etiquetamos a nuestro hijo al decir "este niño es un mentiroso", de alguna manera nos relacionaremos con él desde esa interpretación. Esto es un ejemplo de cómo actuamos cuando la mente construye una interpretación sobre alguien para después evidenciarla a como dé lugar, con base en lo que juzgamos. Al relacionarnos así, dejaremos de ver sus cualidades; en vez de enfocar nuestra energía en obligarlo a dejar de mentir, debemos poner atención en cosas más profundas, tal vez en ese momento el niño está pasando por alguna situación difícil, lo que no quiere decir que si mintió en un momento dado eso sea "quien es" como persona. Enfoquémonos entonces en la grandeza de ese ser humano que está frente a nosotros, **ojalá que como padres podamos ver lo mejor de nuestros hijos.**

Cuando queremos acercarnos a nuestros hijos es muy importante estar conscientes de tres ámbitos: el nuestro, el del otro y el de Dios. Debo subrayar la trascendencia de aprender a relacionarnos desde el nuestro. Esto es un reto porque cuando están chiquitos son parte de nuestro ámbito, o sea, tenemos poder de decisión en su vida pensando en su bienestar, pero conforme crecen, sobre todo en la adolescencia, esos ámbitos, los cuales podemos imaginar como dos círculos, se van desvinculando; por lo tanto, hay que regresar y quedarnos en nuestro ámbito con el objetivo de que el otro se haga completamente responsable del suyo. A los dieciocho años ya son completamente responsables de su ámbito, aunque nosotros podemos opinar sobre lo que sería mejor para ellos, pero ya son adultos y tienen que hacerse cargo de su poder, de su bienestar. **A medida que los hijos se desarrollan, los padres necesitamos soltarlos.** Siempre queremos lo mejor para ellos y creo que esto se enseña con el ejemplo: si yo no quiero que mientan, si quiero que sean personas honradas, mi deber es revisar mi vida, que sea congruente mi palabra con mi ejemplo, porque es eso lo que yo quiero transmitirles, que verdaderamente ahí es en donde encontrarán felicidad y fluidez en la vida; así, desde mi actuar, le muestro cómo a mí me da buen resultado ser honesta. Esto es traer la enseñanza desde nosotros y desde nuestro actuar.

Una amiga tiene una hija de dieciséis años y se acerca a mí para decirme: "Regina ahorita no me soporta". El punto aquí es no tomarlo personal, saber que los adolescentes están pasando por un proceso de desidentificación de los padres, que están buscando quiénes son, su llamado, su misión en la vida y, en muchas ocasiones, para eso tienen que desvincularse, porque si están buscando su independencia, su propio ámbito, entonces tiene que haber esta separación. Claro que el papá o la mamá, que han tenido ese papel durante tantos años, ya están acostumbrados a que su ámbito sea el mismo que el de su hijo, pero a pesar de ello deben dejarlo ir; esta separación a veces es dolorosa, pero cuando el amor está ahí, cuando la relación es constructiva, cuando la relación está basada en el respeto, es una transformación natural; es decir, no es que realmente el muchacho no quiera a sus padres, sino que está en un proceso de encontrarse, de conocerse, de verse a sí mismo frente al mundo, independiente de ellos. Confíen en la madera de su hijo, en que él sabe lo que es mejor para él; el adolescente es sabio en sí mismo y tomará sus decisiones de una manera más consciente si confía en su grandeza.

La clave es escuchar al joven. Muchos de nuestros errores están en querer imponernos; pero dar un paso atrás, escucharlo y usar estas técnicas abre muchas posibilidades en la relación. Si hacemos esto, no quiere decir que bajamos la guardia o que nos debilitamos frente al muchacho, sino que realmente lo estamos honrando. **En una buena relación padres-hijo siempre ayuda ser curiosos frente a quiénes son y tomar en cuenta que este joven no es lo que yo he pensado de él, este joven quiere que yo lo conozca, que lo escuche, que lo acompañe, que le dé mérito, ser grande frente a mis ojos.**

Es importante que nos salgamos de las características que hemos definido: "Mi hija es así" para sentarme con curiosidad a observarla y decirle: "Qué onda contigo", "cómo estas", "cómo vas", "qué te gusta en tu vida", "cómo te gustaría que yo te apoyara para abrir nuevas posibilidades", "quiero ser un compañero para ti", así nos vamos a acompañar, no nada más ahora sino siempre. Hay que proyectar esa visión de la relación a largo plazo. Ahorita pueden ser niños o jóvenes, pero yo quiero estar, yo quiero ser un compañero, una compañera de alma para mi hijo, él tiene un llamado y un camino, pero yo quiero ser un hombro con hombro con él en esta vida.

12

Cuando un atributo se vuelve en tu contra

GLORIA CALZADA: *Parece una incongruencia pensar que una cualidad nuestra pueda perjudicarnos. Pero es cierto el dicho de que "hasta lo bueno en exceso es malo".*

ALEJANDRA LLAMAS: A muchas personas pueden afectarles ciertos atributos, ciertas características positivas de su personalidad que, sin quererlo, en determinadas situaciones actúan en contra de su bienestar, ya sea en el trabajo o en su vida personal. Por ejemplo, una de mis clientas tiene una capacidad increíble de adaptación; es una chava que desde muy joven se puede adaptar a un sinnúmero de circunstancias; esto es un gran atributo, tanto para cuestiones profesionales como personales, porque sin mayor problema se adapta a cualquier escenario, entonces puede llegar a ser la mejor empleada y la mejor pareja; pero qué pasa cuando, de repente, se da cuenta que en el trabajo está sobreadaptada, que acepta una serie de cosas, como trabajar horas extras, que afectan su salud, o que en la relación de pareja permite situaciones que no ocurrirían si no tuviera esta extracapacidad de adaptarse. Exploramos su caso y llegamos a la conclusión de que existe algo en ella que provoca que se adapte a situaciones de su vida (ahora habrá que hacer un trabajo más profundo para indagar de dónde viene esta necesidad de adaptarse); por lo tanto, ella debe despertar ahora, día a día, para tener la capacidad de decidir cómo usar esa característica para su bienestar.

Para llegar a esto, le propuse que dejáramos de enfocarnos en las circunstancias o en la situación de la pareja. Le pregunté: "¿Qué hay en ti que logra crear este escenario?" Después de trabajar, nos dimos cuenta de que el patrón a lo largo de su vida era esta capacidad de adaptarse hasta llegar a un punto en el que revienta. Le dije: "Esto me lleva a pensar que tienes que estar muy alerta, porque los impuestos que cobran estas características son altos. **Estos atributos que en un momento dado te benefician pueden cruzar la línea y ser contraproducentes**".

Nos dimos cuenta de que el trabajo la tenía en una situación que la ahogaba: trabajaba demasiadas horas al día y estaba sobrecomprometida; en el tema de la pareja se sentía en desventaja; en fin, se había adaptado a circunstancias que no la tenían ciento por ciento contenta; entonces, ¿qué pasó? Pasó que no lograba marcar límites a causa de esta capacidad de adaptarse, pues por alguna razón tenía más fuerza en ella que cualquier otra cosa (lo más probable es que desde chiquita haya utilizado la adaptación como medio de sobrevivencia y le haya funcionado en su dinámica familiar; en un momento dado hizo una declaración que sobresalía en estas áreas).

Ahora bien, cuando identificamos el problema es el momento para despertar a nuestras maneras de ser y darnos cuenta de que, en muchas ocasiones, somos nosotros quienes generamos las circunstancias. En el caso de mi cliente, era ella quien las permitía al no poner límites, porque de manera inconsciente creía que esta necesidad de adaptarse era como una cuestión de sobrevivencia. Este ejemplo muestra desde dónde actuamos con frecuencia los seres humanos.

La clave para no dañarnos es no actuar desde el miedo sino desde el amor. En el caso que expuse, la capacidad de adaptación era muy valiosa, pero hasta cierto punto; por lo tanto, fue importante poner límites para proteger su diseño de vida. Con ello quiero decir que con frecuencia no nos damos cuenta de dónde están naciendo esas actitudes, que a lo mejor tenemos muchas cualidades, como carisma, sociabilidad, y sin pensarlo las usamos hasta extralimitarnos.

En una ocasión una clienta me dijo que estaba sufriendo porque su hermana estaba enferma. "Cuando estoy con ella sufro porque se me hace mala onda no sufrir cuando ella se la está pasando mal." Es ahí cuando yo me pregunto ¿de qué le sirve a la otra persona que sufras por ella? Finalmente todos pasaremos momentos difíciles y lo que uno puede dar a los otros es luz, es ser un pilar, porque ser solidario en el dolor no sirve de mucho, ayuda más jalar hacia la luz.

En este caso detecté que su creencia era la de adaptarse al sufrimiento de los demás, pensando que esto la acercaba a ellos, pero la tenía en un constante sufrir emocional.

GLORIA: *Otro ejemplo de cómo esta característica aparece en nuestras vidas.*

ALEJANDRA: Hay ciertos momentos en donde podemos exponernos a situaciones que actúen en detrimento de nuestro bienestar. Por ejemplo, puede ser el ejercicio, la flexibilidad dentro de un entorno, en ocasiones podemos ser suaves con otros individuos sin marcar límites (tal vez queremos dar la impresión de que somos buenas gentes, accesibles) y nos sobreexponemos. A veces nuestra habilidad es manipular a otros; tenemos "labia" para conseguir cosas, como dinero o que nos hagan favores, pero eso nos quita responsabilidad o nos lleva a situaciones peligrosas. Hay gente que tiene una gran habilidad de socializar, pero si no la limita puede llevarla al reventón, a adicciones.

Es vital saber en dónde estamos sobreexpuestos, pues llega a suceder que buscamos a otros que tengan nuestras habilidades para que hagan lo que no queremos hacer; en estos casos, donde otras personas toman la responsabilidad por nosotros, es muy probable que limitemos nuestro crecimiento frente al mundo.

GLORIA: *¿Cómo saber cuando ese gran atributo está siendo llevado al extremo? Porque lo que habrá que hacer es graduarlo para que vuelva a ser virtud.*

ALEJANDRA: Es importante hacernos la siguiente pregunta: ¿qué cualidad tengo que, si no la controlo, me puede llevar a una situación que me perjudique? A veces nos damos cuenta de que quizás no estaríamos en determinado escenario si, por ejemplo, hubiéramos podido decir que NO a cierta persona; **tal vez hemos dicho muchos "sí" en la vida. Es una ganancia cuando empiezas a reconocer que tu vida está fuera de balance porque has dicho que sí a algo que en vez de hacerte sentir bien actúa en contra de ti.** Cuando dices "sí" a algo que te sobreexpone, automáticamente tú te estás dando un NO. ¿Cómo es esto? Cuando decides que sí vas a trabajar cuatro horas extras hoy en la tarde, estás diciendo un "NO" a tu salud, a descansar, a divertirte, a realizar otras actividades en la vida.

Un buen ejercicio es evaluar, con lista en mano, a qué le estoy diciendo que "sí" y a qué le estoy diciendo que "NO", para que me queden claras las posibilidades de las cuales me estoy perdiendo tomando una u otra decisión.

GLORIA: *Cómo no hacer yo este ejercicio, pues me doy cuenta que uno de los atributos que más me han enorgullecido y sin duda también me ha llevado a logros hermosos, ha sido mi sentido de la responsabilidad. Pero en solidaridad con el tema, debo decir que ese EXTREMO sentido de responsabilidad, de no poder/saber fallar, de ser ciento por ciento confiable, ha tenido un costo muy cañón. Para empezar, tengo una noción del tiempo superesclavizante. Me doy cuenta de todo lo que pasa a mi alrededor. Capto lo que está pasando y calculo en automático las consecuencias y entonces me tenso para hacer un "control de daños" aunque no me corresponda. Y sin duda mi ego es aquí donde más tiene oportunidad de aparecer, cuando por esta "cualidad" soy la que llegó primero, a la que le llaman para el bomberazo, etcétera; pero haciendo un balance, también ha sido motivo de que me pierda de grandes eventos familiares, inolvidables, irrepetibles. Unas cosas por otras, pero si hubiera sabido aplicar el balance, no lo habría llevado al extremo.*

13

La felicidad como obligación

GLORIA CALZADA: Según *Aristóteles: "El fin de todos los seres humanos es la felicidad"*. *Ante una premisa tan fantástica, ¿qué dice el* coaching *sobre la felicidad? Porque para cada quien es algo distinto. ¿Algún común denominador?*

ALEJANDRA LLAMAS: Yo creo que los síntomas de la felicidad son que una persona se siente realizada. A mí me gusta definir la realización como encontrar una actividad que realmente sea propia de tu alma. **Me parece que éste es el primer síntoma de felicidad, cuando estás en sincronización contigo mismo con los deseos de tu corazón.**

GLORIA: *Es importante decir que la felicidad, como ya vimos, es además de una obligación, una posibilidad creada por nosotros a voluntad.*

ALEJANDRA: Continuamente creamos algo; entonces, esa creación, que se manifiesta a través del cuerpo, proviene del alma. Esto puede ser cualquier cosa, pero mientras provenga desde este lugar puro será genuino y armónico. Por esto, Aristóteles decía: "El hombre que encuentra la actividad del alma, encuentra la felicidad".

GLORIA: *Además de buscar dedicarnos a aquello que va bien con nuestro espíritu…*

ALEJANDRA: **Un punto que te llevará directamente a la felicidad es el de llevar una vida virtuosa. Con esto quiero decir**

81

que sea una vida que vaya de acuerdo a tus fuerzas, a tu dignidad, a honrar tu palabra. El hombre virtuoso es generalmente feliz.

En nuestra vida es fundamental observar qué virtudes hay en nosotros y, por otro lado, encontrar aquellas que no tengamos desarrolladas, para seguir un camino en el que las vayamos construyendo.

Para ser feliz, para lograr la paz interna, debemos colocarnos en un plano funcional. Para eso tienen que estar resueltas nuestras necesidades básicas, porque para una persona que no tiene resuelto esto, será difícil que encuentre esa actividad del alma que provenga de la armonía, de la felicidad, porque predominará la necesidad de sobrevivir, sin atender a la OBLIGACIÓN de ser feliz.

Ante lo dicho, ¿cómo le vas a pedir a un país que sea feliz, que estemos en paz, que busquemos esas herramientas espirituales si sus pobladores no tienen resueltas las necesidades básicas?

La felicidad como nuestra obligación es un regalo que les damos a los demás cuando están cerca. **Podemos hacer sentir a alguien feliz simplemente con nuestra presencia.**

El siguiente punto para ser felices es tener conscientes nuestros afectos, por la simple razón de que los seres humanos no sobrevivimos solos; somos felices también frente a otros y estamos interconectados.

GLORIA: *¿Qué pasa cuando procuras siempre hacer felices a los demás, pero cuando no te sientes bien tú te aíslas porque no quieres arruinar la felicidad de los demás?*

ALEJANDRA: Puedes elegir retirarte hasta que puedas estar en un mejor lugar, desde el cual te gusta socializar; pero si te das cuenta que, por alguna razón, no logras salir de la tristeza creo que tienes la obligación de buscar otra opción (puede ser desde ir al médico hasta tener una conversación con la persona que creas conveniente).

Lo que creo innecesario es desperdiciarnos en temporadas largas que no justifican en dónde estamos emocionalmente. Nuestra obligación es solucionar cómo regresar a un lugar de bienestar, encontrar el lugar donde somos la mejor versión de nosotros mismos.

GLORIA: *¿Lo que buscamos es quitar todas esas capas para poder ser felices?*

ALEJANDRA: Sí, lo que nos hace tristes o infelices es la interpretación de nosotros mismos frente a un suceso. **Lo que hace diferente a un ser humano de otro es lo que interpreta frente a determinado hecho, que es lo que se convierte en su historia. Esta historia, finalmente, justificará las emociones. Por eso, si** logramos borrar esta interpretación podremos volver a ser, sin un pasado que nos encarcela, de esta manera seremos simplemente gratitud y felicidad.

La razón de no sentirte feliz es que tu interpretación sobre un hecho es muy pobre, porque esa historia la puedes contar como se te pegue la gana, porque no tiene que ver con la "realidad". Por ejemplo, se muere tu papá y tal vez pienses: "Esto es lo peor que me pudo haber pasado, ya no voy a poder sobrevivir sin él, me hace muchísima falta", y te sumerges en la depresión durante meses; en cambio, otra persona con la misma experiencia puede decir: "Se murió, vivió lo que tenía que vivir, estoy agradecida de la relación que tuve con él...", y sigue adelante; así, manejas el suceso desde un lugar alto para volver a la paz. Con esto quiero decir que lo que a veces nos hace sentir mal no es el hecho en sí, sino lo que nos estamos contando sobre él.

GLORIA: *¿Dependes de los demás para llegar a esta felicidad?*

ALEJANDRA: No es que necesites de ellos sino que parte de tu felicidad se va a construir a través de los lazos afectivos que tengas con otros seres humanos; **tu felicidad se va a potencializar**

según la calidad de los amores que tengas. Pueden ser uno o diez, lo importante es que sean lazos de calidad, que sean buenas relaciones para ti.

En ocasiones, tal vez sin querer, creemos tener el poder de juzgar o de meternos en las dinámicas de otras personas. Pero la verdad es que ahí no tenemos poder y eso nos llevará a un sufrimiento. Nuestra cultura nos indica, ilusoriamente, que está en nuestro poder opinar o reaccionar ante situaciones ajenas, sin darnos cuenta de que es un autosabotaje. Porque usamos las vidas y los actos de otros para alimentar nuestra infelicidad.

GLORIA: *¿Qué pasa cuando tratas de no engancharte con algo pero te está afectando directamente?*

ALEJANDRA: **En** *coaching* **usamos dos palabras fundamentales: "límites amorosos".** Es muy importante poner límites en nuestra vida; entender que hay comportamientos en los demás que nos pueden afectar directamente y que nosotros tenemos que aprender a identificar para contrarrestar esos efectos negativos. Esto se logra no desde el rechazo, sino desde los límites amorosos hacia nosotros mismos. Siempre nos hará bien preguntarnos ¿quién quiero ser frente a esta actitud, frente a esta acción o frente a esta persona? ¿Cómo voy a generar mis propios límites amorosos con el fin de relacionarme o poner una distancia física con cierta persona?

Por ejemplo, si tu pareja bebe mucho, si se pone borracho los fines de semana, si por esta razón es agresivo contigo, o si tienes un papá que es emocionalmente agresivo contigo y te das cuenta de que tu deseo es amarlo pero no estar sometida a vivir esto, entonces toma la decisión de ubicarte fuera del sacrificio, porque casi siempre en las relaciones en las que uno se sacrifica acabamos muy enojados, porque nos colocamos como las víctimas de ellos, y lo más impresionante de todo es que este sacrificio no hace ninguna diferencia, no ayuda en nada.

Es fácil determinar si te sientes como víctima de alguien. Este tipo de personajes (las víctimas) siempre tienen una historia (las personas que están en el presente no); por lo tanto, si ya te ubicaste en una historia, probablemente eres víctima de alguien o de algo. El problema es que la víctima siempre está enojada, lo que nos lleva a pensar que si tú estás enojado, si te das cuenta de que das un discurso frente a alguien más y te quejas, ya caíste.

En esta circunstancia es importante dar dos pasos hacia atrás, si no eso va acabar mal porque actuarás con enojo, con frustración, por haber contado una historia frente a la otra persona bajo un discurso en donde te sentiste dañado. Con esto, de lo que realmente te vuelves víctima, lo que te encierra, es lo que expresas en el presente. En cambio, si logras ver al otro como tal, con su drogadicción, con su violencia, etcétera, podrás decir: "Esto es lo que es; ahora, frente a esto, ¿yo quién quiero ser?", tal cual, sin la menor historia, sin tratar de cambiar al otro, sin pensar qué debería o no debería hacer; esto es lo que es hoy, en el presente; ¿yo quién quiero ser frente a esto? ¿Qué límites amorosos pondré para mí? En ese momento tendrás que encontrar tu puerta, porque no puedes pensar, ilusoriamente, estar beneficiando al otro cuando actúas desde el enojo y la frustración.

GLORIA: *Si pones límites, es probable que la persona se sienta violentada, pero eso será problema de él, ¿no?*

ALEJANDRA: Exacto, en ese momento nada más puedes responsabilizarte de cómo estás tú en tu interior. Es muy poderoso que le digas a la otra persona: "Si te quieres comportar así, es tu elección; las consecuencias de eso las tendrás que vivir sólo tú y sólo tú te harás responsable; yo tengo que hacerme responsable de mí y poner los límites frente a ti; de ahora en adelante, me parece que lo que quiero es relacionarme contigo de tal manera". Como reaccione el otro, si se enoja o no, es cosa de la que no tenemos control, pero eso no debe determinar nuestra postura de bienestar.

GLORIA: *¿Cómo distinguir si nosotros estamos incurriendo en aquello que no nos gusta en otros?*

ALEJANDRA: Esta pregunta es muy importante. Te tienes que dar cuenta de que existen conductas de uno que crean dinámicas disfuncionales. Es decir, existen características en nosotros a las que les atrae el drama o la queja. Entonces, **es fundamental revisar por qué me engancho a esta dinámica que no me gusta en otros, que no reconozco que vive en mí. La respuesta es facilísima: si lo ves en el otro, es porque vive en ti.**

GLORIA: *¿Cómo darnos cuenta de que nosotros estamos abusando de alguien?*

ALEJANDRA: Ya dijimos que en la filosofía del *coaching* todos tenemos puntos ciegos enormes; el gran valor del *coach* es traerlos a la luz a través de ciertas preguntas; ahí es cuando piensas: "Wow, no me había dado cuenta de que estoy aprovechándome". Esas revelaciones son muy difíciles de detectar; por eso recomiendo una sesión de *coaching*, porque quizá de otra manera no logres darte cuenta de ellas o tardes mucho.

GLORIA: *Estamos aprendiendo que el* coaching *es un esfuerzo permanente; entonces, me pregunto si algún día y verdaderamente llegas a esa paz, a esa neutralidad que te permita estar bien en tus sentimientos.*

ALEJANDRA: Antes tenía la tendencia de hacerme la víctima cada vez que se presentaba la oportunidad, sin darme cuenta me metía en unas historias…, las mismas que justificaba para colocarme ahí; entonces, en una época en la que tuve pleitos con mi esposo, yo era la víctima total, llorando por las calles; sentía que él estaba muy mal conmigo, que no se había hecho responsable ni de mí y ni de mis hijos en una situación complicada... Cuando llegué a mi sesión de *coaching*, mi *coach* me dijo: "Alejandra, hoy en la noche lo que tienes que hacer es hablar con tu marido y ofrecerle una disculpa". Yo dije: "¿No te dije lo que él me acaba de hacer?, ¡no nada más a mí sino también a mis hijos!", y me dijo: "Desde ese lugar no tienes nada de poder, así no vas a conseguir nada en la vida. Las cosas suceden, no es que te pasen... Mientras que sigas ahí, de víctima, no representarás apoyo ni para ti, ni para él, ni para nadie". Para mí fue muy difícil llegar en la noche... Yo ya le había vendido tanto la historia de que él era el culpable de la situación que cuando le hablé para ofrecerle una disculpa él pensó que me estaba burlando de él, porque ya estábamos tan metidos en esa dinámica que me dijo: "¿Por qué estás haciendo esto?" Y yo le dije: "Porque ya me di cuenta de que desde el otro lugar no vamos a salir adelante, ni a mí me está sirviendo, ni me estoy haciendo responsable contigo de que a esta situación llegamos juntos". El camino a la paz está ahí frente a nosotros; en este caso encontré que mi paz vive cuando me siento en mi poder y cuando acepto la responsabilidad que tengo de crear los escenarios de mi vida y cómo respondo hacia ellos.

GLORIA: *¿Qué pasa cuando tú estás trabajando en* coaching *y tienes voluntad de arreglar las cosas pero la otra persona no?*

ALEJANDRA: Hace poco leí una frase que me encantó: **"Si hay mucho drama a tu alrededor quiere decir que hay mucho drama dentro de ti, sánalo en ti y automáticamente se resolverá en tu entorno".** Así es, el drama nos aparece enfrente porque vive dentro de nosotros, es una cuestión energética; entonces, en el momento en que te desenganchas por dentro, como por arte de magia, tu entorno se suavizará. De repente dirás: "No puede ser que haya logrado cambiar esto, lo vi en mí, lo sané y perdió toda su carga energética y emocional afuera".

GLORIA: *Pero hay trampas en este sistema; por ejemplo, si en el afán de no pelear damos la razón sólo para no seguir discutiendo es peligroso.*

ALEJANDRA: Hablar sobre verdades absolutas es absurdo, la razón es tan relativa… Las dos partes pueden tenerla, las dos pueden tener su verdad, pero es muy pertinente preguntarnos cuál es nuestro mayor objetivo en la relación. ¿Existe la posibilidad de que los dos tengamos la razón y al mismo tiempo que los dos seamos felices? Otra pregunta válida es si la relación abre cancha suficiente para que todas esas posibilidades puedan vivir en una. **Si esa relación no da espacio para resolver estas preguntas, probablemente ya caducó y está dominada más por el ego que por el amor.**

GLORIA: *Cuando nos toca trabajar y convivir con alguien que no nos late, nos cae mal, ¿cómo llevar una relación con esa persona que no apreciamos para que no sea una carga? ¿Es posible que se vuelva más ligera?*

ALEJANDRA: Se trata de quitar expectativas que tenemos sobre la otra persona y convivir el rato que estamos con ella manteniéndonos dentro de nuestro ser. Frecuentemente podemos pensar: "Bueno, voy a estar con esta persona que no soporto, que no me gusta cómo es, pero la voy a tolerar un rato". Eso no se vale porque de alguna manera le depositas una carga energética al otro. En vez de esto, mejor revisa qué captas en la otra persona que no te gusta… porque es muy posible que justamente eso que te disgusta también lo tengas tú. Aprovecha este encuentro para mantenerte en un lugar amoroso y así aprovechar la presencia del otro para crecer espiritualmente. Saber que a pesar de lo que traiga la vida en determinadas situaciones esto no interferirá con tu paz.

14

Cosas que nos detienen

GLORIA CALZADA: *Cíclicamente nos preguntamos, ¿será que estoy bien donde estoy? ¿Éste es un buen balance de vida o me muevo? ¿Me conformo y acepto mis circunstancias? ¿Por qué a veces nos sentimos mal aunque en perspectiva general estemos bien?*

ALEJANDRA LLAMAS: Éstos son algunos de los temas que trabajo con mis clientes para aclarar que vale la pena vivir y gozar en el presente.

Tiene que ver con tener la mirada puesta en el exterior, vivimos altamente influidos por una cultura en la que el reconocimiento, el dinero, la imagen, la mercadotecnia de productos, nos invitan a desear más para "sentirnos mejor acerca de quienes somos". Si caemos en este juego, nunca estaremos bien en el momento presente sólo por el hecho de existir.

GLORIA: *¿Qué implica el proceso de dirigir tu vida?*

ALEJANDRA: Implica calidad en tu presencia frente a la vida. Identificamos qué nos hace falta cuando replanteamos nuestros objetivos y nos damos cuenta de que se ha ido la pasión, la energía, el poder de sentirnos atraídos hacia nuestra propia vida. Si dejamos de tener crecimiento interior, si vivimos en automático, ése es un buen momento para priorizar, rediseñar y evaluar qué quitaremos de nuestro plato y qué sumaremos en un futuro.

GLORIA: *Con el tiempo y las buenas intenciones de ser más prácticos, creamos una rutina automatizada. Eso está bien para establecer un orden en las actividades cotidianas, pero siempre con el riesgo de caer en el temido círculo vicioso. Si estamos atrapados en él, ¿cómo salir?*

ALEJANDRA: Es muy importante quitar cosas de nuestro día a día que nos roban tiempo y presencia. A veces perdemos energía en comprar cosas que no necesitamos, en chismes de internet, en tonterías que nos consumen y que no nos llevan a dar un paso importante, a construir una vida rica. Entonces, haz una lista de cuáles son tus actividades diarias y define cuáles son imprescindibles y cuáles te detienen. Esto no quiere decir que estar activo no es valioso, sino que hay que rectificar con qué actividades nos sentimos vivos para abrir ventanas de aire, de tiempo, de espacio, para que la intuición pueda generarse en nosotros (ella es la que nos llevará de la mano a los grandes éxitos). Apaga la computadora un rato, deja de hacer esas llamadas interminables de teléfono donde nada más te quejas, criticas o te metes en la vida de otros; vuelve a tu vida, recapitula, empieza nuevos proyectos que te están esperando para ser vividos, conquistados, donde se encuentra tu gran ser. Todo comienza dando un paso.

Frente a esto es donde a muchos se nos manifiesta el "miedo al éxito", pero lo disfrazamos con miedo al fracaso o a nuestras capacidades. Muchos hemos sentido miedo de estar en zonas incómodas. En ocasiones, sientes que te tiras al vacío porque tu éxito, tu grandeza, te hacen sentirte vulnerable. **A veces se necesita mucho valor y fuerza para dar los pasos hacia tu grandeza.**

Obsérvate e identifica en dónde está tu fuerza para conquistar la vida con armonía y a lo que le temes (a tener éxito económico, de decisión, etcétera). Los temores se disuelven en la acción.

GLORIA: *Sabiendo que la intuición es una gran aliada, ¿qué hacer si la brújula interna está desorientada? ¿Cómo revivir la intuición?*

90

ALEJANDRA: La intuición es una comunicación que vive en tu ser. Muchas veces confundimos la intuición con el diálogo interno que nos habla constantemente. Éste puede ser un gran ruido para la evolución, ya que la voz inmediata que llevamos dentro habla todo el día creando juicios, opiniones, inseguridades y nos aleja de ver lo que es real, nos aleja de la paz y de la presencia que somos. Más allá, en el apacible silencio que nos envuelve cuando observamos nuestra vida y nuestros pensamientos, están nuestras respuestas, nuestra paz y nuestra intuición, y de esto debemos estar conscientes. Filosofías ancestrales han hablado de esta dimensión profunda de nuestro ser conocida como "Atman". La mente, en la superficie, te llenará de razones que se confunden con la realidad; tendemos a seguir este diálogo interno que está presente constantemente, que es el que justifica por qué hacemos o por qué dejamos de hacer las cosas. Por ello, es muy importante ir a un punto más hondo, hacia ese silencio interior. Para conseguir esto, debemos visualizar el gran deseo de nuestras vidas. Ante esto, tal vez la mente tratará de sabotearnos dándonos las razones por las cuales "eso" no es posible; a pesar de todo, debemos regresar a ese sitio en nosotros donde se encuentra la fuerza, la gran visión para seguirla en cada momento.

GLORIA: *Al estar en este íntimo proceso de autoobservación, constantemente nos asaltan dudas existenciales.*

ALEJANDRA: **En esas dudas, entre hacer y no hacer, el** *coaching* **propone hacer porque eso representará abrir posibilidades. De lo contrario, no tendrás la experiencia de intentar y lograr abrir caminos.** Cuando estés frente a una oportunidad de acción tómala, dile sí a la vida. **En** *coaching* **el fracaso no existe, lo que existe es una vida rica en experiencias.**

El primer paso para saber si frenamos o avanzamos es aceptar al ciento por ciento nuestra vida ahora (el trabajo, la pareja, quiénes somos). En esa aceptación volveremos a estar en nuestro poder, volvemos a tener energía, dejaremos de estresarnos. El siguiente paso será bañar nuestra vida de amor y reconocer que ahí es donde estamos y que si queremos dar un paso lo tendremos que dar desde ese amor.

GLORIA: *A la hora que hablamos de aceptación, quitamos de nuestro camino aquello de lo que nos quejamos, deja de ser tema porque se desactiva la queja misma. Aceptación genuina.*

ALEJANDRA: Sobre todo nos quitamos el estrés de rechazar, de criticar y menospreciar nuestra vida. Eso nos quita mucha energía útil para enfocarnos a crear cosas nuevas.

Si ves que no te mueves, si identificas que no estás contento, es porque criticas mucho. Es importante hacer una lista de todo lo que te dices, por lo menos este último año (desde tu físico hasta lo que te define como no suficiente o incapaz). Esas críticas son tan fuertes para nosotros que nos frenan, nos paralizan; dejar de criticar es un paso fundamental para adueñarte de tu vida, del poder que tienes y de la responsabilidad que tienes frente a ella.

GLORIA: *¿Qué diferencia existe entre criticarte/devaluarte o exigirte?*

ALEJANDRA: Exigirte está relacionado con reconocer cuáles son tus talentos. En *coaching* lo llevamos de la mano con comprometerte con las cosas valiosas para ti. Esto no quiere decir que debes exigirte cosas irreales; por ejemplo, si tienes equis peso quieras convertirte en un cuerpo que no podría ser tuyo; esto es exigir cosas fuera de la realidad que te meterán en un juego de nunca ganar, que no te llevarán a ninguna satisfacción porque estás trabajando desde tu ego y no desde el amor a tu ser. Por lo tanto, yo me apegaría a que esas exigencias acompañen a tus compromisos, a tu palabra, y que averigües cuál es tu intención detrás de tus acciones. Define metas que vayan de la mano de la armonía, la cooperación, el crecimiento y el bienestar para que cuando termines de realizar esas acciones te sientas bien contigo mismo, y le des mayor sentido a tu vida.

Muchos de mis clientes me dicen que se sienten confundidos, que no saben por dónde empezar o qué paso dar. **Yo creo que un paso primordial es compartir con otros las cosas que te gustan o te apasionan, eso retroalimentará tanto tu vida como la de ellos y abrirá caminos insospechados y te devolverán la pasión.**

GLORIA: *¿Por qué el ego se cuela cada que puede tratando de hacer su voluntad? ¿Cómo debe ser nuestro diálogo interno en función de como actuamos cotidianamente?*

ALEJANDRA: Si queremos hacer un cambio en nosotros, debemos hacerlo en función de nuestros hábitos diarios. Nuestra mente nos propondrá mil cosas, el diálogo interno nos confunde porque tomamos muchas posturas a la vez y si lo escuchamos para actuar probablemente terminaremos sin mucha dirección. Por lo tanto, si queremos ver un cambio, incluyamos en nuestra vida diaria una práctica que nos acerque a ese nuevo resultado. Estas prácticas deben ser realistas. "La práctica hace al maestro." ¿Adónde quieres llegar? Así llegarás sin una idea intelectual sino que tu ser llegará naturalmente.

El cielo es el límite, y para llegar a él es fundamental la organización, la estrategia, definir los compromisos. Construimos en un mundo terrenal de la mano de otras personas, no individualmente, sino haciendo equipo, creando acuerdos poderosos con otros seres humanos, inspirándolos para que se sumen a nuestros sueños con nuestra fuerza, con el valor que le damos a nuestra palabra. Por eso debemos tener disciplina y un gran amor por lo que estamos haciendo. **No dejes de soñar, pero no dejes de organizarte para dar los pasos necesarios con el fin de lograr tus sueños.**

Vivir tu camino

GLORIA CALZADA: *Cuando queremos avanzar, necesitamos referencias para saber si vamos por un buen camino, nos apoyamos en elementos que nos dan seguridad; por ejemplo, yo le hago mucho caso a mi intuición. ¿Es de fiar?*

ALEJANDRA LLAMAS: Vivimos con ruido mental y emocional; lo ideal sería vivir bajando el volumen a los prejuicios, neutralizando lo que vivimos para que nuestro ser conserve un silencio interno en el que la intuición sea escuchada, como una brújula a la que consultamos con frecuencia y facilidad.

Cuando no estamos bien en un camino es porque no estamos siendo ni congruentes ni íntegros con nuestra fuerza interior; porque estamos tomando la decisión por complacencia social o por razones que no son auténticas para nuestro ser. Podrás convencerte intelectualmente de haber tomado una decisión, pero no podrás convencer a tu organismo, a tu espíritu. Hacer esto es vivir desde un lugar muy pobre por no confiar en ti y en que los ciclos terminan, en que podemos movernos a realidades más adecuadas. En esta situación es cuando muchas veces vienen las enfermedades y nuestra vida se empieza a atropellar, deja de crecer.

Generalmente cuando actuamos desde el miedo, es productivo preguntarnos: ¿cómo distingo cuál es la voz de mi corazón y cuáles son mis pensamientos? Ésa es una pregunta legítima. La voz de nuestra mente es tan fuerte y nos engaña tan seguido porque tiene muchas razones y tiende a permanecer en el miedo y en situaciones que cree que no son convenientes para nosotros. Por esto es importante tomar en cuenta que la decisión correcta es la que te centra en tu corazón (corazón quiere decir *fuerza*), en tu coraje, pero el coraje de vivir la vida desde tu entrega hacia ella. Se necesita valor para seguir siendo grande como ser humano; para lograrlo, justamente debes escuchar tu intuición, que es la que te pondrá en tu mejor camino, en tu mejor destino.

GLORIA: *La diferencia entre la intuición y el corazón, ¿cuál es?*

ALEJANDRA: El corazón pretende que vivas desde el valor de tu ser. Éste debe centrarse en tu integridad, lo que quiere decir que desde ahí deberán surgir tu pensamiento, tu palabra y tu acción; es decir, que eres completamente congruente con tu mayor propósito, que es tu grandeza como ser humano. Esto, a la vez, deberá estar en armonía con todas las circunstancias y las personas que te rodean.

Si la decisión que estás tomando no tiene estos ingredientes, quiere decir que no está de la mano con tu corazón; por el contrario, que son tus razonamientos y tus justificaciones las motivaciones por las que estás actuando.

El corazón te llevará hacia la vida de una forma poderosa, hacia el camino en donde no te perderás, hacia donde serás íntegro y congruente contigo mismo, con tus palabras, con tu acción y con tu pensamiento.

Ésta es la fórmula de la paz. Se reconoce en seres humanos como Gandhi, Nelson Mandela o la madre Teresa, que fueron personas que lograron alinear estos tres elementos; así, su palabra tuvo que ver con sus acciones y con su manera de pensar. No es que estén bien o mal, no estamos juzgando cómo eligieron su vida, hablamos de congruencia. Eso es lo que hace a un ser humano trascendental y poderoso. Estos personajes siguieron su intuición, fueron auténticos con su vida, con sus preferencias, con su verdad absoluta, supieron salir al mundo y decir "éste soy yo, ésta es mi verdad", a partir de la cual se construyó su camino.

Si logras dar cada paso con esta claridad, evitarás muchas crisis. Para evitarlas es muy importante que te escuches a ti mismo. Cuando tienes que salir de una situación para provocar un cambio de ruta escucharás un susurro, ésa es tu voz interior, a la que podrás hacerle caso o engañarte a ti mismo y seguir adelante con más ruido aún, hasta que ese susurro se escuche cada vez más fuerte y el cambio de dirección sea inminente.

Cuando no hacemos caso, el susurro se convierte en crisis. Éstas a veces se podrían evitar, manteniéndonos en sincronía con el cambio, el movimiento, escuchando lo que la vida requiere de nosotros desde los mensajes intuitivos. Seríamos auténticos si confiáramos en esa primera voz, en ese susurro que llevamos dentro.

El mayor riesgo o la mayor pérdida durante la crisis es cuando ésta innecesariamente nos aleja de nuestra abundancia; la crisis representa al ser holístico en todos sentidos: económico, emocional, moral, social. En cambio, si tomamos la decisión a tiempo, como la de vivir desde un lugar de abundancia, seguiremos en una vida abundante. Racionalmente no nos quedará claro de dónde provendrá el dinero, por ejemplo, o en dónde surgirá la siguiente oportunidad de trabajo. Esto no se puede poner en palabras; sin embargo, debemos tener la fe de que esto se manifestará para nosotros.

Nuestra fuerza nace de lo intangible, no de lo razonable. Es ahí en donde se baña de luz, es ahí donde tenemos que mantenernos como seres humanos.

El compromiso, los acuerdos y la palabra

GLORIA CALZADA: *Desde el punto de vista del* coaching, *el compromiso tiene características diferentes a como nos han enseñado. Es muy importante saber que la vida se construye de compromisos: nos comprometemos con nosotros mismos y con el exterior constantemente.*

ALEJANDRA LLAMAS: Sí, es vital comprender que el primer compromiso es contigo hacia la excelencia; así, todo lo que hagas será a partir de esta premisa, o sea, desde lo mejor que puedas aportar. Éste es el nivel de compromiso que te pide el *coaching*. Eso quiere decir que estarás a tiempo, que tus acuerdos serán fuertes, que si vas a hacer algo lo harás de la mejor manera posible, harás las cosas dando un extra, incluso que se vean bellas.

GLORIA: *Es decir, no hacer las cosas nada más por hacerlas. En cuanto a los compromisos que establecemos con quienes interactuamos en las distintas áreas de nuestra vida...*

ALEJANDRA: Es interesante darnos cuenta de la diferencia entre cómo nos percibimos y cómo nos perciben los demás. Por eso es muy importante, para seguir en el camino de la congruencia, monitorear nuestras relaciones laborales y checar constantemente cómo me ven los otros, cómo creen que estoy haciendo mi trabajo. De esta manera, la otra persona destacará puntos ciegos que existen en mí, los cuales me impiden conseguir el resultado que deseo. **Si la gente no percibe la excelencia en mí es porque hay algo** que la está ocultando, es decir, vivo en la excusa. En *coaching* lo llaman "el somnífero que niega tu poder".

Muchas veces decimos: "Sí te iba a llamar, pero se me hizo tarde", "sí me iba a conectar al internet para la junta, pero se cayó la red en mi casa, etcétera". En nuestra mente queda justificado por qué no cumplimos el compromiso y creemos que se borró, pero para el otro simplemente no apareciste, otra vez no pudo contar contigo. **Hay personas que viven en la justificación constante; su mente se los permite, como si fuera un borrón y cuenta nueva; eso, a la larga, rompe las relaciones porque es romper la palabra.**

GLORIA: *¿Cuándo nos corresponde señalar a nuestra gente cercana y querida que se justifica constantemente en algo y eso la coloca en un punto ciego? Quizá nuestra amorosa observación quisiera decirles algo, pero ¿si no lo han pedido?*

ALEJANDRA: Es importante hacérselo saber porque, si no, ambos llegan a un punto de frustración. Si una persona no hace algo a lo que se había comprometido contigo, niega el poder crear un futuro juntos; si en ese momento no eres directo y franco, entonces el resultado que iba a crear dicho compromiso también será mermado por ti; por lo tanto, es necesario tener una comunicación efectiva, si no, nos volveremos la víctima de la otra persona. En el *coaching* es vital que tu poder esté siempre en tu territorio y uses tu leguaje ya sea para reconstruir el compromiso o para finiquitarlo.

GLORIA: *El compromiso es un tema fundamental con el que se construyen los pilares centrales. Es momento de volver a darle la jerarquía que merece.*

ALEJANDRA: Sí, porque a lo que te comprometes es a formar tu futuro. **Por eso es muy importante saber a qué sí, a qué no y cuándo nos comprometemos, además de que lo haremos con excelencia, con trabajo, con amor, con puntualidad. Hay que** estar abiertos al exterior y enfocarnos constantemente en estar bien, en estar al día, para seguir amarrando los acuerdos siguientes.

Me refiero a los nuevos compromisos porque la vida cambia, igual que las relaciones. Por eso es importante, cada determinado tiempo, sentarnos con el otro a crear nuevos pactos para determinar si la relación necesita terminar o reinventarse, o evaluar si estamos siendo eficientes en nuestros compromisos con otros.

GLORIA: *Esta práctica no tiene que ser solemne, pero sí verdadera, para que gradualmente se vuelva parte de la dinámica de la relación y suceda de manera orgánica.*

ALEJANDRA: Debemos tener en cuenta que las parejas son organismos vivos y que en estas relaciones a veces existe un juego de poder a pesar de los acuerdos pactados (ya sean hablados o a nivel inconsciente).

Hay compromisos que se hablan y otros que no. Es frecuente escuchar que el primer año de matrimonio es muy difícil y sí, en efecto, porque se están acomodando los roles de poder frente a ciertas situaciones. Cuando la pareja va cambiando, igual que las circunstancias (a lo mejor por la economía o porque vienen los hijos), es importante que se hable sobre renovar o reevaluar los acuerdos, de lo contrario, por no tener conflicto, por no decir que nos estamos reacomodando a situaciones nuevas, a la larga pueden surgir grandes crisis. **Si los acuerdos no maduran con la pareja, será difícil que ésta salga adelante.**

GLORIA: *Me parece supersaludable porque vuelve muy accesible el inicio de una conversación. Ahora podemos entender mejor por qué una pareja llega al divorcio. Dada esta constante transformación.*

ALEJANDRA: A la hora en que una pareja se compromete, me parece que los compromisos son genuinos, que en ese momento los dos hacen lo mejor que pueden. Sin embargo, desde mi punto de vista, cada una de tus parejas ha venido a tu vida por alguna razón. Éstas son maestras que vienen a enseñarte cosas importantes acerca de ti y acerca de cómo entender la vida, de cómo madurar y crecer. **Estos ciclos a veces se terminan, en general, porque esa persona ya dio a tu vida lo que tenía que dar.**

Si analizas desde esta perspectiva tu pasado, entenderás que las personas que han sido tus parejas también son seres con limitantes emocionales y ciclos, cambian de opinión, se confunden o cometen errores. Por lo tanto, es importante entender que los compromisos generalmente son genuinos, pero también desechar la idea de que las parejas tienen que ser para toda la vida.

Si una pareja va cultivándose, se va transformando y pasan años y siguen ahí, es porque han podido reconstruir acuerdos y reinventar la relación y el compromiso. Se ha fomentado día a día. Si la relación no se da, se vale también dar la vuelta y terminar el compromiso.

GLORIA: *Y que esta separación no nos deje devastados, porque eventualmente acarreará un mejor pronóstico de felicidad y paz en nuestra vida.*
Diferente, pero mejor.

17

Vivir en excelencia

GLORIA CALZADA: *Esta palabra,* excelencia, *me gusta. Tiene mucho que ver con los valores con los que he tratado de construir mi vida. Pero es complicada. Es aspiracional. Está en peligro de extinción.*

ALEJANDRA LLAMAS: Estamos hablando de la excelencia del ser; con esto me refiero a que desde que nos despertamos inhalamos, vemos y valoramos nuestro ser como vida en excelencia, lleno de una energía divina, una energía especial que ni siquiera nos pertenece; hablo de encontrarnos a nosotros mismos observándonos y apreciándonos desde un lugar de profundo respeto. **Esta excelencia va de la mano del espíritu, más allá de lo que podemos ver; desde ese lugar conduciremos nuestra vida, desde un profundo respeto por quiénes somos, no por quiénes hemos pensado que somos o por nuestras circunstancias, sino verdaderamente vernos más allá de este cuerpo físico.**

GLORIA: *De primer impulso pienso que todos deseamos ser excelentes. Si la intención está ahí, ¿cómo lograrlo?*

ALEJANDRA: Una persona vive fuera de la excelencia cuando está completamente identificada con su parte chiquita, limitada y peleando con lo que vive. Se niega la posibilidad de ver a su ser poderoso, conectado con la abundancia del mundo. Cuando te percibas desde un lugar poderoso, la baja autoestima se evapora porque te das cuenta de que lo que puedes sentir por ti es respeto y admiración, que eres parte de Dios, del todo, de la energía divina y, por lo tanto, de la excelencia del ser.

GLORIA: *¿Cómo reconocer nuestra propia excelencia?*

ALEJANDRA: Hay una conversación muy bonita que dice que las circunstancias y el entorno te hablan sobre quién eres. A veces, nos vemos frente a las circunstancias e inmediatamente decimos: "Estoy en crisis", y sé que en ocasiones es difícil lograr un cambio en estas circunstancias porque es como si estuviéramos atrapados en un círculo. Para contrarrestar esto es muy importante cambiar nuestro lenguaje; con ello podremos influir sobre el entorno y no al revés; por eso, hay que preguntarnos: "Yo, desde este poder de fuerza, ¿cómo voy a aparecer frente a esta situación para conquistarla y transcenderla?" Nosotros tenemos ese poder, la fuerza, y podemos diseñar cómo nos relacionamos con cada situación, y este diseño de cómo interactuamos con el exterior puede crearse con excelencia si llevamos a cabo nuestras interacciones con conciencia de ellas.

Al vivir con excelencia, vivimos con elegancia, con gracia, en la luz especial misma que irradiamos, desde donde emana el amor y el respeto por quienes somos. Existe una fuerza divina, un orden perfecto en las cosas. Al saber esto, podemos dar un paso atrás para ver antes de actuar, observar cómo las cosas se acomodan sin que nosotros opinemos o planeemos. La clave es confiar en ese orden.

Honrar a la gente de tu alrededor me parece bellísimo; pensar en la gente que está cerca, en esas personas que te están costando más trabajo; observar que todos buscamos ser validados, ser escuchados, movernos a un lugar en el que podamos expresar: "Es importante lo que tienes que decir y yo estoy aquí para escucharte". Cuando escuchamos y le damos luz a la gente que está a nuestro alrededor, ella nos la devolverá y eso provocará que nuestra grandeza florezca.

18

¿Qué es el Hopponopono?

GLORIA CALZADA: *Desde que me enseñaste el Hopponopono lo aplico, porque veo la fe que le tienes tú, porque además de su eficacia es un mantra que te lleva automáticamente a aislarte del caos para repetirlo.*

ALEJANDRA LLAMAS: Es una técnica de sanación ancestral. Su base es la idea de que cada uno de nosotros somos parte de la energía universal, de un todo. Ahora, lo que ofreces como ser humano es compartir esto. Dicha filosofía dice que muchos estamos construidos de memorias (que no se califican ni de buenas ni de malas). Estas memorias provocan que veas la vida, el presente, absolutamente todo, a través de una historia del pasado. Entonces, interpretas experiencias con esa base de datos, es decir, con la memoria. Con esto dicho, no miras lo que está frente a ti a través de los ojos divinos, a los cuales debemos acercarnos para lograr ver desde una perspectiva clara y sin ningún tipo de interpretaciones.

GLORIA: *Ahora dime, ¿por qué eres tan fan del Hopponopono?*

ALEJANDRA: **Porque logra que el presente esté limpio para sembrar vivencias nuevas.** Lo principal es que cada ser humano haga limpiezas a través de revisar y disolver las memorias con las que interpreta constantemente lo que ve, si no estará repitiéndose en todo momento inconscientemente, bloqueando su bienestar. Hay que saber que son también las memorias las que generan los problemas que experimentamos, mas no la realidad.

Para sanar esto, el Hopponopono te pide que te declares en paz con todas las personas de la tierra (si con alguna sigues en guerra, quiere decir que hay una memoria que continúa reactiva, que todavía tiene fuerza, la cual debes limpiar).

GLORIA: *¿El Hopponopono es un mantra para transformar algo en luz, en algo bueno?*

ALEJANDRA: Exacto, cuando captas que una energía colateral te bloquea, ni siquiera tienes que identificarla; cuando algo aparece negativo o bloqueado en tu realidad es porque eres tú quien trae esa carga, vive esa semilla en ti. La manera de sanarlo es con el Hopponopono, que son cuatro palabras:

> LO SIENTO, PERDÓNAME, TE AMO, GRACIAS.

GLORIA: *¿Este mantra lo podemos repetir en general y en particular? Pásanos las instrucciones.*

ALEJANDRA: Puedes mandar Hopponopono en general; es decir, si estás en un momento en el cual te sientes con ansiedad, que no sabes de dónde viene, no la puedes identificar pero sabes que hay una energía bloqueadora, te lo dices: "Lo siento, perdóname, te amo, gracias". Porque como dice Einstein: "El tiempo lineal no existe"; el pasado, presente y futuro están existiendo simultáneos en cada momento; por lo tanto, tengo a través del Hopponopono una herramienta para estar en el tiempo, sanar el pasado mientras sano también el presente y el futuro.

En el estudio del doctor Hew Len (la persona que se ha encargado de promover este método), se plantea que las personas no aparecen frente a nosotros como realmente son, sino como nosotros reaccionamos ante ellas. Para Len el objetivo es colocarnos una vez más en una zona cero: "no memorias, no identidad", y para llegar ahí es necesario repetir el mantra constantemente, que está basado en la idea de asumir por completo la responsabilidad no sólo de nuestra vida sino de todo lo que aparece en ella, partiendo de la idea de que todos surgimos del mismo origen. El sanar algo de mí representa sanar también algo para los demás.

La sanación está en nosotros mismos porque somos energía que se quiere bañar de luz, de amor; es una sanación a nivel energético muy profunda.

GLORIA: *El poder está en este mantra. ¿En qué momento hay que repetirlo?, ¿a quién tenemos que dirigirlo?*

ALEJANDRA: Lo podemos decir en cada momento, cuando deseemos fluir de la manera más hermosa o simplemente decir: "Hoy le voy a dar fluidez y luz a mi día". Al empezar a decirlo sentirás cómo tu cuerpo cambia. **Estas palabras tienen un poder energético en nosotros que nos transforma**; por ejemplo, en vez de estar a la defensiva, nos colocan en una posición de confianza, de permitirle a la energía divina que pase, que entre a trabajar dentro de nosotros para que las cosas tomen su propio rumbo.

GLORIA: *También puedes ayudar a otras personas diciendo estas palabras, ¿verdad?*

ALEJANDRA: Este mantra tiene un poder especial: en el momento en el que yo esté en paz conmigo, esa energía hará que mi entorno se mueva a la sanación.

Las palabras tienen un orden energético. Por eso, se empieza por "lo siento", "perdóname", "te amo", "gracias"; representa el principio del mundo, manifiesta la energía divina en donde todo es perfecto. Que me enoje con otra persona es una distorsión (causada quizá por mi ego, mi memoria); entonces, a lo que pido perdón es a haber tenido una percepción errónea de lo verdadero,

107

y lo verdadero en este caso es el amor que nos tenemos y que somos semejantes, y el *gracias* por ser la energía de sanación de mayor vibración en el ser humano.

GLORIA: *¿Podemos decir que el Hopponopono es un armonizante?*

ALEJANDRA: Exacto. Es un transmutador que elimina memorias que hemos cargado durante años para arrojarlas de vuelta a la energía divina, para llevarlas otra vez a la luz. Por lo tanto, es un limpiador energético. **Agradecer y manifestar gratitud es algo tan positivo, sanador y mágico que recomendamos se haga muchas veces cada día. En silencio o de palabra. Con una mirada o una acción. Pero en permanente gratitud se vive mejor y se contagia.**

19

Autoestima

GLORIA CALZADA: *La autoestima es un término muy usado; por lo tanto, primero me gustaría ponerlo en el contexto específico del* personal coaching.

ALEJANDRA LLAMAS: La autoestima se relaciona con la sensación de no sentirte merecedor. Por eso, das un paso atrás al tomar decisiones importantes en tu vida o llevas a cabo acciones autodestructivas. Al final se observa una falta de amor y reconocimiento por uno mismo.

GLORIA: *¿Los problemas de autoestima nos hacen vivir muy confundidos, indecisos, temerosos?*

ALEJANDRA: **La autoestima es algo muy latoso porque nos lleva a vivir con inseguridad. Por lo tanto, no somos claros en nuestro lenguaje; por ejemplo, en nuestras peticiones, pedimos a medias, mal, a veces ni siquiera pedimos lo que necesitamos y por eso nos conformamos con vidas poco construidas, sin diseño, sin bienestar.**

Existen cinco áreas en las que debemos poner mucha atención.

La primera es aquella que determina cómo **vivir en tu verdad,** ser congruente con tu salud mental, emocional y física. Tenemos que preguntarnos qué tan saludables y qué tan fuertes nos sentimos. Es decir, ¿qué rutinas y qué compromisos tenemos para sentirnos cuidados por nosotros mismos? La manera en que nos cuidamos definirá la forma en que se nutre nuestro ser (desde el ejercicio, la comida, hasta lo que leemos, para estar conscientes de que alimenta el alma).

La segunda área se relaciona con **crear un ambiente seguro para ti** (donde te relaciones con tu familia, tu pareja y en un trabajo donde cultives tu bienestar, donde no existan abusos ni faltas de respeto, en el que tengas la habilidad de crear un entorno donde te sientas sólido para lograr tu desarrollo).

La tercera área es la **económica**, porque ésa es la que te dará independencia, poder, habilidad para tomar decisiones y para concluir ciclos que abrirán puertas para empezar nuevos. Es importante mantener una situación económica que nos dé flexibilidad (no hablamos particularmente de tener mucho dinero, simplemente de organizarlo de tal manera que nos permita la mayor independencia posible). Es fundamental aprender a cuidar el dinero, la abundancia, y que estén diseñados en función de tu libertad y poder.

La cuarta área tiene que ver con **las relaciones.** Debemos cultivar relaciones productivas y sanas con nuestros semejantes, que haya un infinito respeto con tu pareja, con tus hijos, etcétera. Es muy importante que las personas que estén a tu alrededor te traten con respeto, y para esto a veces los límites son necesarios.

La quinta área es desarrollar un **ambiente social y profesional** con seguridad de ti mismo. Debes preguntarte cuál es la reacción que creas en tu entorno cuando entras en un ámbito social (ya sea de trabajo o de amistades). ¿Cómo te ves a ti mismo? ¿Sientes que la gente te juzga, te critica? ¿Con qué parte de ti sientes que te relacionas emocionalmente? ¿Tu mente busca la aceptación de otros o te permites vivir en tu centro y seguro de quién eres?

Cuando una de estas áreas se descuida, todas las demás también. Esto tiene que ver con la forma de ser de una persona y no necesariamente con las circunstancias externas.

La autoestima sana va de la mano con no autosabotear tus instintos. Por ejemplo, ese instinto puede decir: "Me voy a parar al gimnasio". Cuando saboteas ese impulso no lo honras, al contrario, te vas a desayunar algo grasoso o por un café que te pone ansioso y saboteas el instinto amoroso que tenías por ti; en donde más te pega no es en el haber ido a desayunar o no haber hecho ejercicio, sino que hubo un autosabotaje interior. Así, tu última palabra y acción fueron una traición a ti mismo. Lo que te merma es que no te diste ese regalo, no lo que significaba, sino el mensaje de que no era tan importante para ti cuidarte.

A lo largo de nuestra vida es común que hagamos pequeños autosabotajes (en proyectos o en dejar una relación que nos lastima); al final no nos afecta tanto la situación exterior, sino el no respetar el valor de ofrecernos algo mejor. Es fácil darnos cuenta de esos propósitos, que traerían bienestar a nuestra vida, pero que cada pequeño autosabotaje contribuye a un camino de frustración.

GLORIA: *¿Los puntos que mencionaste son un ejercicio del día a día?*

ALEJANDRA: Así es, creo que hay una idea fundamental de la autoestima: en muchas ocasiones nos relacionamos con nuestra personalidad, que tiene defectos, que tiene carencias, que comete errores; dejamos de ver que somos seres mucho más allá de eso, que somos seres con una esencia divina, que ni siquiera nos pertenecemos a nosotros mismos, que somos parte de algo mucho más grande que está conectado con todo lo bello que es el mundo. Por ello, la autoestima es una distorsión a través de la cual nos vemos fuera de ese gran ser que no podría o debiera tener problemas de autoestima porque ya es perfecto. Desde este lugar podemos vernos en la luz. ¿Cómo podríamos juzgar nuestra grandeza que ni siquiera es nuestra?

111

GLORIA: *Aquí me toca contar algo personal: al final del 2012, habiéndose presentado cambios en mi trabajo, casa, etcétera, terminé el año muy ansiosa de empezar a prospectar el siguiente. Estaba nerviosa y en ese momento Ale, quien es mi* personal coach, *me dijo: "Alto, estás perdiendo la brújula. En este momento lo que debes hacer es evaluar todo lo bueno que construiste y sucedió en este año que terminó. ¡Felicítate! Siéntete orgullosa de ti". Y comenzó a enumerar algunos ejemplos. Tenía toda la razón. Me estaba perdiendo de tomar en cuenta lo importante, de agradecer y de premiarme con una pausa de descanso antes de empezar la carrera loca que es un año nuevo con proyectos y metas.*

¿Cómo hacer para fortalecer nuestra autoestima? No quiero sonar a planfleto.

ALEJANDRA: Es importante valorar y maravillarnos, vernos con ojos de asombro, con ojos de descubrir que este regalo, esta experiencia de vida, es sólo un momentito. **La vida es para gozarla, es para estar arrojados a la experiencia, no para juzgarla. Por esto es vital divertirnos, reír, apreciar el arte, la música, desarrollar la sensibilidad.** Todo lo que nos provoca sentir que somos parte de un todo. Cuando vivimos dormidos en una rutina y nos individualizamos, nos percibimos pequeños, desconectados, entonces creamos una conversación en la cual nos decimos: "Soy muy poco, no soy suficiente".

Cuando vas a un gran concierto y se te pone la piel chinita, el público se vuelve uno, desaparece tu personalidad, fluye y vibra tu espíritu y son justamente estas vivencias las que no podemos permitir que mueran culturalmente, las que no podemos dejar de vivir. A veces le damos más importancia a la tecnología, al dinero, etcétera. Con ello lo único que hacemos es crear conversaciones miopes que se centran en puntos que focalizan temas en los que ponemos todo nuestro interés y energía; esto descuida una dimensión mayor que muchas veces las artes otorgan y que abren posibilidades para vibrar alto y que realmente nos conectemos espiritualmente.

112

GLORIA: *¿Cómo podemos ayudar a alguien que está con una autoestima lastimada?*

ALEJANDRA: Si abres escenarios en tu vida en los que tus experiencias con otros toquen áreas sensibles, es probable que se generen conversaciones con otra persona de alma a alma. En cambio, cuando hablamos de personalidad a personalidad es muy difícil que surja algo parecido, porque la otra persona estará a la defensiva, entonces no podremos profundizar; por el contrario, cuando hacemos una escenografía donde estamos realmente sueltos, podremos entender qué es lo que está de fondo con ese otro y tendremos una conversación productiva. **Escuchar al otro y sostenerlo en su luz es un profundo proceso de sanación.**

Creo que la mejor manera de inspirar a sanarse a otros es con nuestro ejemplo, que nosotros busquemos esas salidas. Quizá abres la conversación con: "¿De qué te sientes merecedor en esta vida?... Porque eso de lo que no te sientas merecedor, no entrará en tu vida". Ésta es una linda conversación. Así, se convoca a despertar el poder que esa persona no se permitía tener para dar entrada a lo mejor, para alejar lo que le hacía sentir que la vida no le daba. Este tipo de conversaciones desde el punto de vista espiritual abren caminos a la indagación y a la reflexión; siempre deben nacer de nuestra curiosidad y del bienestar del otro; ésta debe ser nuestra meta; saber dónde vive el otro, no imponer nuestros consejos.

20

El lenguaje que limita

ALEJANDRA LLAMAS: Acabo de leer un libro que me encantó, me pareció muy interesante, se llama *Un ataque de lucidez*. Un viaje personal a la superación, de Jill Taylor. Trata sobre la historia de una mujer que sufre un derrame cerebral y pierde la capacidad del lenguaje; por lo tanto, no entendía las palabras o sus significados. Solamente le funcionaba el lado del cerebro enfocado a la creatividad, el de la parte intuitiva, que está conectada con el universo. Lo que me llamó la atención es que ella dice que experimentó el Nirvana, lo que llaman el "máximo paraíso". Cuando desaparece de ella el lenguaje (y junto con él ese diálogo que todos llevamos dentro), desaparece también el juicio y los límites físicos; por lo tanto, esta mujer no tenía percepción de que su cuerpo terminaba y empezaba otra persona; realmente experimentó ser una con el universo. Esto se tradujo en un sentimiento de profunda paz, como la que había leído en libros místicos del Buda. Verdaderamente vivió como ser energía correlacionada, conectada con el todo.

Tardó ocho años en recuperarse por completo. Irónicamente, es científica especialista en el cerebro. Ella dice que el cerebro puede reconstruirse, lo cual no se creía hasta hace muy pocos años, pues se pensaba que era un órgano cuyas áreas podían cumplir ciertos objetivos; pero esta mujer se dio cuenta de que no, que el cerebro puede reconstruirse. Por ejemplo, el área que gobierna el lenguaje puede desarrollarse en otras zonas, donde parecía imposible.

De esta manera, logró implementar otra vez el lenguaje dentro de ella, pues se dio cuenta de lo importante que es (ni más ni menos que el puente con el entorno, al no tenerlo te aíslas). Su mamá, con pequeños rompecabezas de niños, le enseñó la forma, el tacto, los colores, los números, los símbolos… Poco a poco aprendió a hablar y desarrolló las herramientas con las que nos relacionamos con el mundo.

GLORIA CALZADA: *La historia de Jill, de treinta y siete años, nos facilita entender lo que hemos venido aprendiendo sobre el juicio de valores preconcebidos. Siempre nos podremos reprogramar. Conociéndonos bien y sabiendo lo que queremos, con eso se logra.*

ALEJANDRA: Es interesante aprender cómo la mente distingue y cómo el lenguaje permite extender esto, es decir, lo que es posible para ti. Por ejemplo, su mamá le dijo un día: "Mira este rompecabezas, vamos a tratar de acomodarlo por formas"; ella pensó "formas… formas… ¿qué será una forma?" De repente le vino la idea de relacionar una palabra con algo que tenía un significado, entonces vio las esquinas y las acomodó. Más adelante le dijo su madre: "Hoy vamos a trabajar y vas a acomodar por color…" Ella pensó "color… color… color…", de pronto le llegó la palabra, hizo la relación con el contexto, con el significado, y a partir de ese momento pudo ver el color (el cual antes no veía porque no hacía distinción en su cerebro, el panorama era como una masa); cuando logró hacer esa unión lingüística en el cerebro, se hizo posible el color; por lo tanto, logró armar el rompecabezas. Esto me parece fascinante porque te das cuenta de que cuando algo aparece en tu lenguaje cerebral lo puedes percibir en el mundo. Esto es una metáfora que podemos usar para cualquier tema: relaciones, trabajo, posibilidades, metas. En el momento en el que lingüísticamente lo puedes asimilar, entonces, ese concepto mental aparece como una posibilidad en tu realidad.

GLORIA: *Es uno quien materializa la realidad; por lo tanto, podemos crearla a nuestro gusto y necesidades.*

ALEJANDRA: Sí, porque ya lo empezaste a ver, de otra manera. Es un punto ciego. A lo mejor, por más que a ella le dijeran "color" no tenía ningún significado, no era una posibilidad. Así se pierde el campo de acción.

GLORIA: *¿Cómo podemos deshacernos de las palabras claves que conocemos y usamos pero que nos limitan?*

ALEJANDRA: Es un ejercicio de selección de lenguaje. Se trata de crear un autoobservador para lograr dar un paso atrás de lo que decimos y de lo que pensamos; para que lo que pensamos y hagamos no sea atropellado, para que exista un espacio dentro de uno mismo, una brecha entre el que observa y el que habla y actúa. En este respiro tendrás campo para escoger y reflexionar sobre qué resultado me da determinada acción. ¿Me limita o me expande?

GLORIA: *Por ejemplo, yo cuando hablo contigo, me doy cuenta claramente de cuando te das ese momento de respiro.*

ALEJANDRA: Desarrollar el observador es muy importante porque él tiene la capacidad de análisis, la cual tiene la función de volver a nosotros con la técnica de la preselección. Cuando vivimos las consecuencias de algo negativo, sin siquiera habernos dado cuenta de qué manera apareció, cuando actuamos y nos explotó la bomba, es porque no pusimos en práctica a ese autoobservador previo en el lenguaje interno y lo generamos de una manera poco consciente.

GLORIA: *Entonces, ¿lo que tenemos que hacer es caminar hacia atrás y poner el switch al lenguaje para tener la capacidad de visualizarnos?*

ALEJANDRA: Exacto. En el libro del que les hablé hay un ejemplo muy interesante, el cual yo lo retomé desde el punto de vista de *coach*: para ella, cuando aparece el lenguaje, poco a poco puede darse el lujo de preseleccionar (escoge de qué va a cargar el disco duro de su ser); se dio cuenta de que había muchas características en su esencia anterior que eran parte de ella; pero en este proceso, que duró años, descubrió que había muchos comportamientos sobre los que podía decidir tener o no (como ser enojona, poco paciente o rencorosa), de tal manera que se dijo: "Estas características que tenía no las necesito ahora, ya no me funcionan y elijo si forman parte de quien hoy soy". ¡Esto es revelador! Nosotros podemos lograrlo también y con este libro estamos aprendiendo a hacerlo.

Lo que podemos aprender de esta filosofía o planteamiento es que nosotros podemos seleccionar cómo queremos ser y, aunque al principio no sea todavía un comportamiento familiar, la idea final es que poco a poco este comportamiento nuevo sea parte de nosotros. **Por eso, si te gusta alguna cualidad de cierta persona, cierra los ojos e imítala, puedes jalar esa energía hacia ti y unirla molecularmente para transformarte.**

21

La responsabilidad

GLORIA CALZADA: *En la técnica del* coaching *la responsabilidad es la columna vertebral de las enseñanzas; se divide en dos palabras: responsa-habilidad, es decir, la habilidad de respuesta que se tiene ante ciertas expe-riencias o frente a ti mismo.*

ALEJANDRA LLAMAS: **El** *coaching* **plantea que todo lo que sucede es neutral, no es ni bueno ni malo, ni mejor ni peor.** Ahora, nosotros tenemos la obligación o la responsabilidad de inspeccionar quiénes somos frente a determinada situación, de saber cómo reaccionamos ante ella. Así, lo que pasa en nuestro exterior se vuelve una gran oportunidad para revisar cómo puedo modificar mi habilidad de respuesta con el fin de que se apegue a quien yo quiero ser.

GLORIA: *Es importante analizar nuestra manera de reaccionar hacia un evento externo. ¿Qué factores debemos tomar en cuenta?*

ALEJANDRA: Así es. Me parece muy interesante. He hecho algunos estudios basados en esto y en la conversación. Me ha llamado la atención que existan ciertos planteamientos innovadores, los cuales dicen que nosotros, al ser energía y no seres fijos, al no estar encerrados en una manera de ser específica (pues todo en nosotros es flexible), si nos viéramos con ojos de la física cuántica nos daríamos cuenta de que no existimos como masa sino que estamos transparentes en el espacio. Entonces, si llevas esto a un punto más allá, todo lo que hemos creído que somos puede modificarse, puedes reinventarte tanto a ti como a tu habilidad de respuesta.

GLORIA: *¿Cómo manejamos una fuerte noticia externa? Por ejemplo, en el caso de que nos dijeran que tenemos una enfermedad terminal. ¿Cómo aplicar nuestra responsabilidad ante algo así?*

ALEJANDRA: Si sucede algo externo, en ese momento el mayor poder que tienes es el de elegir tu respuesta. A lo largo de la vida experimentamos cosas en el exterior que están fuera de nuestro control. En el instante en que te dicen que tienes una enfermedad terminal, debes preguntarte cómo reaccionarías normalmente (si analizas tu vida te darás cuenta de que hay un patrón de respuesta); por lo tanto, la mejor opción es preguntarte: "¿Qué nuevas responsabilidades existen para mí? ¿Cómo quiero vivir este proceso? ¿Quiero que sea un evento en donde haya crecimiento, donde haya integración en mí y en las personas que están viviendo esto a mi lado? ¿Quiero que sea una oportunidad para replantear? ¿Cuál es mi gran objetivo y mi gran aprendizaje frente a esta enfermedad?" No debemos caer en la trampa de que la enfermedad es buena o mala, sólo es algo que está pasando.

GLORIA: *¿Dices que generalmente pasa algo y automáticamente reaccionamos en vez de razonar?*

ALEJANDRA: Exactamente. En mi experiencia, cuando viví el proceso de la muerte de mi papá (murió de una larga enfermedad), la gente preguntaba "¿qué tal estuvieron esos meses?" Yo les respondí que fue la época mágica de grandes revelaciones. Muchas personas me miraron como diciendo "esta mujer está loca. ¿Cómo pudo haber acompañado a su papá en el sufrimiento y quedarse agradecida y con esta magia en el corazón?" A pesar de todo, decidí vivirlo así, como un proceso para crecer a través de acompañar a mi papá para despedirse de esta vida física. No quise caer en calificativos, era lo que era y por eso pudo ser amoroso para nosotros y para nuestra relación final. Ahora recuerdo el último mes que viví con él con luz, con belleza. Ante esto, no hay en mi interior un dejo de tragedia; al contrario, representa una gran revelación de mi vida espiritual. Ha sido un aprendizaje extraordinario: valoré y desperté ante mi propia vida.

Decir que la muerte es buena o mala no tiene sentido, simplemente es y debo plantearme quién quiero ser frente a ella y cómo me abriré ante la vida, cómo tendré compasión, cómo la viviré en ese momento, cómo no juzgarla. Debemos abrirnos a ese espacio del misterio de la vida o eventos similares que nos aprisionan y de los cuales a veces no vemos la salida, y no la vemos porque no queremos dejar el sufrimiento y trascender lo vivido para regresar a la luz.

GLORIA: *¿Qué hacemos para controlar nuestros sentimientos, por ejemplo, la angustia o el miedo?*

ALEJANDRA: Es importante saber que lo que nosotros digamos o pensemos siempre estará entrelazado con las emociones. Así, si nosotros estamos viviendo algo que nos cuesta trabajo, seguramente nos diremos "esto está muy difícil", si no "es muy triste"... Entonces, usamos un lenguaje que nos da una emoción negativa; ahora bien, la manera de cambiar esto es intercambiar el lenguaje, porque automáticamente cambiará lo que sentimos. Tal vez al principio lo sentirás falso, pues te encuentras sometido a la creencia de que es malo y triste (no hay nada positivo ahí), pero si te lo repites varias veces comenzarás a construir una nueva posibilidad para ti y para tus sentimientos.

GLORIA: *Entonces, si te dan una noticia, por ejemplo, que perdiste, ¿tengo que convencerme de que eso es una gran oportunidad para mí de crecer?*

ALEJANDRA: Precisamente mi esposo me preguntó: "¿Qué harías si te dijeran que te quedan seis meses de vida?" Le respondí que haría, afortunadamente, lo mismo que estoy haciendo ahorita: vivir la vida que quiero vivir, estar en paz, estar contenta, seguir dando gracias de tener la vida que tengo hasta que se acabe.

GLORIA: *En casos extremos como los dos que acabamos de mencionar, vemos claramente cómo es posible alejarse del lugar de víctima y vivir la vida y sus retos de mejor manera.*

¿En dónde entra nuestra responsabilidad para dejar de ser una víctima?

ALEJANDRA: **Desde el momento en que te haces responsable al ciento por ciento de todo lo que pasa en tu entorno se manifiesta en ti el poder de acción.** Por ejemplo, si sólo te quejas de la situación en México, o de cualquier situación que sientes que no depende de ti, no estás tomando la responsabilidad que te corresponde, no estás diseñando una nueva opción. Cuándo te vas a responsabilizar para lograr cambios importantes en tu vida. El hacerte responsable al ciento por ciento quiere decir que te diste cuenta de que contribuiste a esa realidad que no te hacía feliz; por lo tanto, te moverás del lugar de la víctima.

Es muy importante que hagamos una reflexión. En el *coaching* dicen: "La calidad de tu vida tiene que ver con la calidad de tus pensamientos". O sea, la calidad de tu vida está ligada con tu diálogo interior, con esa vocecita que juzga, que te critica, que te minimiza. Entre menos escuchemos esa vocecita que niega posibilidades, más felices seremos.

22

Las emociones

GLORIA CALZADA: *¿Qué son las emociones en el* personal coaching?

ALEJANDRA LLAMAS: Éstas son energía y son contagiosas. A veces, al estar cerca de una persona que, por ejemplo, siente ansiedad o depresión, puedo contagiarme de tales emociones. Por lo tanto, lo que esté viviendo yo en ese momento lo filtraré a través de esas emociones que no me pertenecían. Por eso, es muy importante que cuando una emoción negativa se presente estemos atentos para separar las emociones propias de las ajenas.

GLORIA: *¿Qué debemos hacer para manejar estas emociones y no nos manejen ellas a nosotros?*

ALEJANDRA: Hay una manera de regresar a nosotros a través de una técnica muy fácil: la respiración. **La respiración te separa de las circunstancias en vez de sumergirte en ellas.** Cuando respiras y haces conciencia en la respiración, podrás aclararte y tomar distancia de la emoción. Esto quiere decir que la emoción está ahí pero que puedes neutralizarla. Es importante darse cuenta de que no tenemos que reaccionar desde esa emoción; entre menos caso le hagamos más la neutralizaremos. A esto se le llama inteligencia emocional.

GLORIA: *Ese compás de espera previo a la reacción es básico y varía según el evento.*

ALEJANDRA: Una persona con madurez emocional deja que pase el tiempo para tomar una decisión desde un lugar emocionalmente válido. ¿Qué quiero decir? Por ejemplo, si tengo el impulso de reaccionar con un ataque hacia alguien, deberé esperar diez minutos; si mis ganas de agredir no ceden, esperaré otros diez minutos. Ahora, si quiero tomar una decisión que realmente sea un cambio de vida, se recomienda un tiempo más largo, a veces hasta un año; en ese tiempo a lo mejor cambio de perspectiva y veo las cosas desde otro lugar y agradezco no haber seguido mis reacciones emocionales y haber destruido algo que valía la pena.

GLORIA: *¿Cómo podemos respirar de una manera terapéutica en caso de que una reacción nos tome por sorpresa?*

ALEJANDRA: Hay una técnica muy fácil: **inhala en conteo de cuatro, sostén el aire dentro de ti en otro conteo de cuatro y exhala en el mismo tiempo de cuatro** (todo por la nariz, con la boca cerrada, despacito; inhalas cuatro, sostienes cuatro y exhalas cuatro). En cualquier momento que sientas un ataque de ansiedad, coloca la atención en la respiración; eso enviará un mensaje al cerebro de que todo está bajo control, porque cuando estamos con ansiedad o con miedo automáticamente dejamos de respirar y esto es una alarma para el cuerpo de que está en peligro.

GLORIA: *¿Puedes usar tu energía para cambiar situaciones?*

ALEJANDRA: Así es. Debes darte cuenta de que tienes el poder de mover esa energía; si todos están tensos en un cuarto y tú lograras relajarte, tu energía ayudaría a la de los demás, porque la paz y el amor son energías más fuertes que el enojo y la tensión. Así, después de un rato, la gente querrá estar en armonía contigo, pues esa vibración es mucho más alta.

GLORIA: *¿La respiración puede ser la diferencia entre perder los estribos y tomar decisiones arrebatadas o volver a un lugar que te permita encontrar una idea perfecta o una contestación ideal?*

ALEJANDRA: Lo que sucede es que al presentarse determinada situación que nos estresa la empeoramos con nuestras reacciones impulsivas. Ante esto, es importante que neutralicemos el hecho lo más posible diciendo: "no es bueno ni malo, simplemente es". Algo que hoy parece malo, el día de mañana puede ser una bendición, una lección, o el simple hecho de etiquetarlo como malo nos hará prisioneros de él.

GLORIA: *Hemos hablado de emociones, como la depresión, ¿pero qué hay con las otras, por ejemplo, la euforia, la inseguridad, la baja autoestima, etcétera?*

ALEJANDRA: Las emociones a veces tienden una trampa; cuando estamos eufóricos, nos permitimos ir muy arriba en la alegría; de igual manera, también tendemos a caer en el extremo opuesto. Es cuando sentimos unos bajones fuertes. Lo ideal es mantenernos en una paz armónica, donde estemos lo mejor posible, en el mayor bienestar emocional.

Estas subidas y caídas emocionales están regidas normalmente por el exterior; por esta razón, debemos ser cuidadosos de que nuestra estabilidad no dependa de lo que sucede en el exterior porque entonces estaremos a expensas de lo que pasa alrededor y nos sentiremos sin poder y sin paz.

GLORIA: *¿Qué pasa con las emociones que nos provocan reacciones alegres?*

ALEJANDRA: Esas emociones son siempre bienvenidas porque es nuestra obligación aprender a vivir en el gozo, en la tranquilidad, en la armonía, en la felicidad. En general, no nos permitimos vivir ahí porque estamos acostumbrados a buscar el drama y cuando sentimos que todo está bien, en armonía, creemos que no puede ser posible y no nos sentimos cómodos con esa felicidad plena.

GLORIA: *O sea, ¿tenemos que aprender a estar felices en la felicidad, valga el pleonasmo?*

ALEJANDRA: Todos estamos en busca de la felicidad, pero cuando está ahí, cuando es tan sencilla, tan fácil, a veces no lo podemos creer. Por eso nos autoboicoteamos para echarla a perder, obviamente de una manera inconsciente. Cuántas veces has escuchado "la felicidad sólo aparece en pequeños momentos de nuestra vida"; quien tenga esta creencia así lo vivirá, y como esta creencia hay muchas que nos alejan de ser felices. Es importante inspeccionar qué creencias tenemos cada uno acerca de la felicidad.

GLORIA: *¿Cómo podemos distinguir las emociones placenteras de larga duración?*

ALEJANDRA: Yo creo que el placer duradero, el maduro, va de la mano con saber tomar decisiones. Cada decisión que tomamos tiene consecuencias. Debemos entender que cada una de ellas es un arte y que en conjunto nos irán dando estabilidad emocional. Por ello, tomémonos el tiempo necesario para saber realmente qué queremos hacer, hacia dónde queremos ir y qué queremos construir. Así, nuestra felicidad será de largo plazo cuando conscientemente tomamos acciones que regresan bienestar a nuestra vida y no acciones que atraen el conflicto, la confusión y el drama.

GLORIA: *En esta ideología del* coaching, *¿la felicidad es algo que se puede continuar o se inventa y genera a cada momento porque el presente es lo que vale?*

ALEJANDRA: Parto de la base de que **nuestra energía está siempre en felicidad, en gratitud. Ésa es nuestra esencia natural como seres humanos.**

GLORIA: *¿Esa esencia la complicamos nosotros?*

ALEJANDRA: Son nuestras historias, nuestros deseos amargos, nuestras insatisfacciones, nuestros juicios los que empiezan a nublar esta energía pura, que es la que está siempre dentro de nosotros.

GLORIA: *¿Qué pasa con la tristeza?*

ALEJANDRA: Cada emoción proviene de un pensamiento. La tristeza también se alimenta de pensamientos repetitivos. Las emociones tienen memoria, así viajan al pasado o toman realidades externas para recordar discursos tristes que se repitan una y otra vez; la mente los cree y se mantiene en un estado de tristeza o de depresión. Para contrarrestar esto es preciso que vayas adentro de ti mismo y revises qué has etiquetado con esa emoción, qué te dices para que ese pensamiento te provoque tristeza. Por ejemplo, a veces nos decimos: "Nunca voy a conseguir ese trabajo", y ese pensamiento nos hace sentir tristeza; creemos que es la realidad, que nunca lo conseguiremos; así, lo repetimos tantas veces que el cuerpo automáticamente reaccionará con una emoción de tristeza.

Este proceso negativo se transforma en un patrón. Debemos estar atentos para conocer nuestras trampas, para saber cómo actúa el ego que nos mantiene en estado de depresión o tristeza, para escuchar las pequeñas oraciones o pensamientos que nos minimizan y nos hacen sufrir.

GLORIA: *¿Qué hacemos con esos pensamientos dañinos? ¿De qué manera los podemos destruir, neutralizar o alejar de nuestro ego presente?*

ALEJANDRA: Eso se logra con *la alquimia de la emoción*, con la cual se trata de cambiar el sentido de las emociones. Es decir, transformar la emoción negativa en positiva. Por ejemplo, la angustia normalmente la sentimos en el estómago (se nos aprieta, se nos desacelera la respiración, nos palpita el corazón); pero qué diferencia hay entre la angustia y sentir emoción porque vamos

127

a ver a alguien que queremos o ir a un viaje… A lo mejor también se apachurra el estómago, palpita el corazón, sudan las manos… Es una emoción que se siente igual en el cuerpo pero que la nombramos diferente. Si aprendemos a decir "esto es lo que estoy sintiendo pero voy a cambiar la historia; ahora, en vez de estar angustiada voy a estar emocionada y… ¿de qué podría estar emocionada hoy? A lo mejor de que me voy a ir a cenar o mañana voy a ver a mis amigas". De esta manera desarrollas una historia que te causa emoción y no angustia. Es fundamental darnos cuenta de qué historias nos hacemos: unas que nos emocionan ante la vida o que nos causan angustia y nos minimizan.

GLORIA: *¿Cuando estés en un momento triste puedes buscar en tus momentos alegres un amortiguador a esto?*

ALEJANDRA: Claro, porque las emociones son energía y son fuerza vital. Nosotros elegimos para qué las usamos.

23

Cicatrices emocionales

GLORIA CALZADA: *En el coaching como en el yoga lo que tratamos de lograr es subir la vibración energética para entrenar la mente y sanar el cuerpo físico. A veces con un grupo de gente se puede subir esa energía y vibrar más alto para atraer cosas lindas a nuestra vida. Existe una manera de lograrlo a través del yoga y de la respiración.*

ALEJANDRA LLAMAS: A lo largo de nuestra vida tenemos impactos ya sea emocionales, de pensamiento o de cosas que pasan, lo que ocasiona que el cuerpo se bloquee. Ahora bien, la filosofía del yoga dice que los seres tenemos canales *(nadis),* que son una especie de tubos que mueven la energía alrededor del cuerpo; estos canales se cierran a medida que se hacen presentes los impactos emocionales; así, el cuerpo vibra con estas recesiones energéticas (la energía puede desequilibrarse y haber demasiada en algunos lugares), lo cual resulta dañino porque podemos enfermar o alterar las células; con ello, el ritmo de la energía baja, se va muriendo. Entonces es bueno abrir a lo largo de la vida todos esos canales e ir sanando esta luz energética que hay en todos nosotros.

GLORIA: *¿Quieres decir que estas cicatrices son reversibles?*

ALEJANDRA: Claro que sí, con el yoga, la respiración y el *coaching.* Buda decía: **"La misión es liberarte"**, porque todos esos impactos emocionales van formando la máscara de quienes somos, pero esa máscara es sólo una ilusión, no es quienes somos realmente, aunque nos haga falta defendernos frente a la vida y reaccionar ante ella.

GLORIA: *¿Podemos decir que estas cicatrices adquiridas a lo largo de la vida nos sirven como escudos (porque las desarrollamos como protección) pero al mismo tiempo nos atoran?*

ALEJANDRA: En un momento dado te sirven porque te protegen, pero si no las desvaneces cuando ya no las necesitas se vuelven una cáscara en ti y eso descompensa al ser.

GLORIA: *¿Estas cicatrices podrían ser equivalentes a los miedos que tenemos?*

ALEJANDRA: Son miedos, traumas, a lo mejor cosas que no pudimos asimilar en su momento; quizá eventos fuertes en nuestra infancia que no pudimos digerir por nuestra edad pero quedaron impregnados en el ser. Al paso del tiempo, puede ser que se manifiesten como ataques de ansiedad o de pánico porque hay cosas físicamente no resueltas en nuestros organismos.

GLORIA: *Dices que las cicatrices de la infancia nos marcaron porque no logramos asimilar cierto evento en su momento por ser niños. Pero ¿en nuestra madurez adquirimos nuevas cicatrices?*

ALEJANDRA: Sí. Yo creo que por eso es importante tener un filtro por donde constantemente depuremos y sanemos esas cicatrices nuevas. Para ello, es fundamental subir nuestra calidad energética para evitar enfermedades, para brillar, para atraer cosas lindas a la vibración en la que queremos estar.

GLORIA: *¿Cómo podemos darnos cuenta de que tenemos cicatrices?*

ALEJANDRA: Es muy importante el trabajo de autoobservación para reconocer si una emoción está en nosotros. Si nos hemos sentido deprimidos, angustiados o con ataques de pánico, significa que el cuerpo trata de decir algo, trata de sugerir que se quiere sanar. Si nos dominan emociones negativas, es muy importante que las trabajemos en el nivel del cuerpo; aquí es donde entra el tema del yoga y la meditación, porque son herramientas directas para sanar esas angustias o depresiones. También lo podemos observar cuando no podemos controlar nuestras reacciones, y esto nos puede dar como resultado poco crecimiento en áreas de nuestra vida porque vivimos en patrones creados por nuestro cuerpo emocional.

GLORIA: *¿Qué hacer para incorporar en nuestra vida la meditación? Yo lo he intentado varias veces y con varios sistemas y nomás no.*

ALEJANDRA: Me parece que lo que pasa es que la meditación a veces nos suena a algo lejano para nosotros, como si fuera algo místico. Pero debemos saber que existen dos realidades: la física (el ritmo del día a día, donde todo se ve concreto) y la espiritual, donde no hay tiempo ni espacio, donde hay miles de posibilidades, donde está el potencial puro. Es muy importante que nos demos unos minutitos en el día para salirnos de esa vida concreta (nada más para oler o respirar la vasta realidad que también está ahí y que a veces desaparece de nosotros porque no la tocamos). **La meditación es la clave para lograrlo, para traspasar ese personaje creado y encontrar el maravilloso mundo de oportunidades a través de la respiración.**

GLORIA: *¿Cómo hacer para desconectarnos de la mente y hacer yoga, tomando en cuenta la circunstancia de quien esté leyendo esto, como trabajo, edad, etcétera?*

ALEJANDRA: Es casi imposible que la mente se calle. Cuando yo estuve en el entrenamiento de meditación me decían: "No busques que la mente pare, la mente nunca parará. Sigue observando cómo vienen los pensamientos, pero trata de ser el observador, trata de no estar tan apegado a lo que piensas". Tal vez al principio les darás mucha importancia, creerás que son pensamientos a los cuales tienes que poner atención, pero poco a poco aprenderás a desprenderte de ellos. Sabrás que no paran nunca, pero los verás a distancia, lo cual será un gran descanso.

Una manera fácil de meditar es acostarse y escuchar música. No es necesario forzar al cuerpo para lograr la posición que se dicta (sentarse derechos y cerrar los ojos); háganlo natural, busquen momentos de silencio, de lectura, de música, de estar solos en donde la aparente realidad se aleje un poco; desde ahí, el mismo cuerpo sabrá cómo buscar esos espacios, que cada vez requerirán más silencio.

GLORIA: *En el yoga la meditación es con el Om; pero si, por ejemplo, salgo a caminar con mis perros y hablo sola, ¿puede ser también un momento de meditación?*

ALEJANDRA: Así es. De hecho, existe una meditación llamada *walking meditation*. Se trata de caminar en los templos para entrar en un estado de meditación. El único objetivo es cambiar tu nivel energético y darte cuenta de que se abre una perspectiva diferente para ti. Lograrás entonces desconectarte y verás las cosas de otro color; te conectarás a una parte mucho más amorosa, lo cual sana el cuerpo.

GLORIA: *¿Cómo podemos lograr dejar de lado los pensamientos negativos y acercarnos a los positivos?*

ALEJANDRA: Justo hoy en la mañana me preguntaban cómo hacer cuando llegue un pensamiento negativo y que no me invada, que no tome lo mejor de mí. Uno mismo puede ahuyentarlo si no nos identificamos con él, si no le hacemos el juego; de esa forma, solito se irá. Pero entre más le presentemos pelea más fuerza le daremos. La clave es ignorarlo y decir: **"Este pensamiento no me funciona y me puede hacer sentir mal o colocarme** en un lugar del que me va a costar trabajo salir". Lo que yo recomiendo es distraerse, prender un ratito la tele o hacer algo para que la mente se vaya a otro lugar (pues la mente sólo puede entretener un pensamiento a la vez).

GLORIA: *¿Por el simple hecho de hacer los ejercicios de meditación abrimos nuestros canales para sanar las cicatrices? ¿O es necesario saber cuáles son las cicatrices para poderlas trabajar?*

ALEJANDRA: Creo que cuando son cicatrices viejas y profundas son difíciles de racionalizar. Me parece entonces que reconocer simplemente que el ser no está balanceado, por las razones que sean, que no está alto energéticamente, es suficiente para que el yoga nos ayude. Con él desarrollamos capas, que son calor interno, por medio de la respiración. Entre más profundo podamos respirar, más calor interno empezaremos a fomentar. Este calor interno será el que disolverá las cicatrices emocionales del cuerpo. La técnica de enfocarte en una respiración armónica y profunda provoca que dejemos la respiración entrecortada que hacemos cuando estamos estresados, angustiados o cuando frenamos por completo la respiración (lo cual produce que el ser se posicione en estado de alarma, de peligro).

GLORIA: *¿Es como engañar a tu sistema?*

ALEJANDRA: Sí, a tu sistema nervioso. En el momento en el que cortas la respiración o deja de tener un flujo natural, el cuerpo manda mensajes por todos lados de que algo no está bien.

GLORIA: *¿Qué se puede hacer en los casos en donde hay cicatrices muy hondas, en las que vale la pena tocar fondo para poder salir?*

ALEJANDRA: Depende de la gravedad de la experiencia que hayas vivido. Desde mi punto de vista, es nuestra gran responsabilidad como seres humanos sanarnos, buscar el bienestar; de lo contrario, ese dolor, esa rabia o ese malestar se proyectará hacia todos lados y hacia otras personas, o inclusive a las relaciones que ni siquiera tienen que ver. Por eso es muy importante parar esta situación y revisar en qué lugar nos colocamos frente a determinada vivencia con el fin de neutralizarla. Aquí puede entrar la ayuda de un *coach* o un terapista para encontrar el camino que nos guiará para trascender ese hecho sin que cobre impuestos en nuestro futuro.

La sanación está en manos de todos nosotros. Es esperanzador saber que podemos dar carpetazo a algún evento doloroso para empezar desde un mejor lugar.

GLORIA: *¿Cómo estar en paz con otra persona con la que te sientes en conflicto?*

ALEJANDRA: A veces, frente a nuestras parejas, amigos o personas con las que trabajamos entramos en una guerra porque vemos todo desde nuestro punto de vista; entonces, hay cierta distorsión de la realidad y culpamos a los otros para justificar nuestras posturas. En estas circunstancias, tendemos a juzgar (normalmente nosotros nos colocamos en la postura del bueno). Ahora bien, en esta condición, la prioridad sería salvar la relación. Para lograrlo es necesario salir de esa conversación creada, en donde dramatizamos al otro, en donde lo hemos dejado de ver como ser humano (con sus defectos, sus miedos pero también con sus virtudes y sus luchas); me refiero a que es fundamental dejar de ver al otro como el antagonista.

GLORIA: *Hay que quitar todas las etiquetas que les hayamos colgado a esas personas.*

ALEJANDRA: Exacto, debemos neutralizar al otro y ver también quiénes somos nosotros dentro de la relación, porque si pensamos que el problema está en el otro y no en nosotros, ahí empieza una importante distorsión y nuestro poder desaparece.

GLORIA: *En ocasiones suponemos cosas que el otro piensa, así iniciamos discusiones por pequeñeces y al final ni sabemos por qué empezaron y nos llevan a crear cicatrices innecesarias.*

ALEJANDRA: Claro, ahí observamos la justificación. Justificamos nuestra postura engrandeciendo estos detalles para sentir que tenemos la razón; luego con esos detalles y justificaciones le contamos a alguien cercano lo mala y lo injusta que ha sido esa persona. Pero todo lo distorsionamos nosotros.

GLORIA: *Somos tan elocuentes e inteligentes para crear ese tipo de situaciones en las que nosotros somos los que "tenemos" la razón.*

ALEJANDRA. Sí. La mente es genial para esto. Cuando se lo cuentas a tu hermana, o a quien sientas que va a estar de tu lado, ya lo tienes tan bien armado, que en general te darán la razón, mientras te quedas regocijándote y satisfecho por eso. Pero en realidad no ganas nada porque no existe ningún crecimiento.

GLORIA: *Este tipo de situaciones se da en todas las relaciones: pareja, mamá, hermano, primo. ¿Funcionan de manera similar en todas?*

ALEJANDRA: En todas es similar, ya que se trata de una característica de nosotros y no de las personas a nuestro alrededor.

GLORIA: *Entonces, tenemos que volver a la realidad. Y no engañarnos nosotros ni buscar cómplices.*

ALEJANDRA: La manera de hacer esto es volver a sentir tu corazón en paz con la otra persona. Ésta es la base. Cuando sientes que el corazón ya no está en guerra con la otra persona, puedes construir la relación y ésta se puede crear físicamente o nada más adentro de ti. A lo mejor ya no volverás a esa persona, pero es importante que tengas el corazón en paz.

GLORIA: *¿Cómo podemos tener el corazón en paz y mantenernos el mayor tiempo posible en ese estado?*

135

ALEJANDRA: Es muy importante saber que cuando nuestro corazón está en guerra, en realidad esa guerra es interna. Sanando nuestras guerras internas, muy probablemente podremos sanar el exterior que nos molesta tanto.

Después de este paso seguiría construir la relación. ¿Cómo haríamos esto? Cualquier relación requiere presencia; esto significa estar presente con la otra persona, ser curioso de lo que hace, de cómo piensa, escucharse generosamente. Es muy importante preguntarse: ¿qué tanto tiempo dedicas a construir la relación o a atacarla?

GLORIA: *¿Qué preguntas nos podemos hacer para saber si esa relación vale la pena y en consecuencia hacer el esfuerzo de limpiarla o si lo mejor es dar la media vuelta?*

ALEJANDRA: Es primordial reconocer que hay o hubo relaciones en las que también hemos fallado o hemos sido muy duros e injustos en nuestros juicios. Una vez hecho esto, nos daremos cuenta de que quizá tenemos que ofrecer algunos perdones o que debemos ser más generosos con la perspectiva de la otra persona; a veces, cuando ya hemos sanado, estamos listos para regalarle nuestro corazón en paz a esa persona. Si decidimos que ya no queremos tener cerca a esa persona, la podemos dejar ir en paz. Esto sucede cuando sentimos, de corazón, que el ciclo o la relación terminó.

24

El arte de tomar decisiones

GLORIA CALZADA: *Cuando tengo vacaciones, procuro durante esos días no tomar decisiones. Aunque algunas veces, guiados por la intuición y la experiencia, éstas resulten más fáciles, no dejan de llevar siempre la carga de las posibles consecuencias. ¿En qué momento esta obligación de tomar decisiones se convierte en un arte, Ale?*

ALEJANDRA LLAMAS: Viene bien pensar en las decisiones que has hecho y las que has dejado de hacer (que también es una manera de decidir). **El *coaching* nos dice que por lo menos debes de tener presentes los últimos cinco años de tu vida en los que has decidido andar por ciertos caminos.** El fin de esto es darnos cuenta de las consecuencias de esas acciones o de las no acciones que nacieron de cada decisión. Por ello, el *coaching* nos dice: "Por lo menos, a nivel consciente en la memoria corta, debes de tener muy a la mano qué has decidido y cuáles no y cuáles sí han sido las consecuencias". En general, no nos damos cuenta de que lo que estamos viviendo lo construimos nosotros mismos. Es el momento de hacernos conscientes de esto y de dejar a un lado las quejas o excusas para tomar la vida en nuestras manos y nunca dejar atrás nuestro poder de decidir. También debemos evaluar si la consecuencia es algo que nos regresará como un karma o nos hará evolucionar para alcanzar nuestros propósitos.

GLORIA: *¿Cuál sería un ejercicio práctico para hacer un recuento objetivo de los hechos?*

ALEJANDRA: Es importante que tomemos nuestras decisiones en función de quienes queremos ser. Las decisiones finalmente construyen nuestra vida. Entonces, es fundamental que demos un paso para que exploremos cuál era la intención que estaba detrás de la decisión o de la no decisión, y eso nos despertará a la vida que estamos construyendo y trataremos de enfocarnos en definir quién queremos ser frente a los que decidimos; por ejemplo ser más honestos, más valientes, más pasionales con nuestros trabajo, etcétera. Con esto quiero decir que nuestras decisiones tienen que construir nuestro ser y sus manifestaciones.

Si lo que quieres es hacer cambios, te aconsejaría que tomes la decisión y definas la persona que quieres ser. Esto también define quiénes somos ahora, si somos valientes, si verdaderamente nos cuestionamos quiénes somos hoy y qué cambios queremos para el futuro o si sólo estamos decidiendo por miedo y para no salir de un lugar de confort. Por ejemplo, has decidido que tu compromiso es construir una relación de pareja a largo plazo. Por lo tanto, tus decisiones irán de la mano de no permitir que tus instintos, hábitos, impulsos traicionen eso que estás construyendo con la fuerza y valentía de tus decisiones.

Cuando no tomamos decisiones, cuando nos quedamos atorados, aceptamos, en un nivel muy profundo, que somos seres débiles y que nos obligamos a hacer cosas, que nos sometemos a compromisos y a situaciones que nos frustran; así, nosotros nos hacemos sentir con poco poder frente a la vida. Lo bueno es que podemos identificar cuándo nos encontramos en una situación así, cuándo sentimos esa debilidad y vulnerabilidad.

Cuando dices: "Yo podría hacer eso si fulanito me apoyara" hay que poner atención, porque el lenguaje da la pauta para darte cuenta de que te estás limitando por miedo, pues

quieres que otros hagan el trabajo por ti y que otros se responsabilicen por lo que tú debes hacer.

Hay dos maneras de tomar decisiones: por amor o por miedo. Es decir, actuar en función de nuestro ser o en función del ego. Por esto, debemos evaluar qué decisiones hemos tomado por amor (por el respeto que nos tenemos, por la grandeza que vemos en nosotros mismos, porque nos merecemos conquistar esos sueños, porque merecemos que nuestra voz esté puesta en lo que hemos decidido crear, lo que hemos venido a hacer como misión en la vida). O por miedo, que habla de asegurar, controlar, defendernos, falta de fe en nosotros, inseguridad, etcétera.

GLORIA: *Antes de definir, es buena idea pensar desde dónde viene la decisión que vas a tomar.*

ALEJANDRA: Precisamente. Creo que es importante saber qué intención está detrás de cada decisión y apegarla a quien quiero ser: si quiero ser honesto, entonces cuál sería la decisión indicada. Muchas veces no tomamos una determinación porque nos da miedo, quizá representaría grandes cambios de vida; ante esto te recomiendo que no tomes una decisión fuerte de un momento a otro, pero sí haz pequeños cambios, que sean elecciones conscientes, que te vayan acercando a la persona que quieres ser. De esta manera, tu entorno empezará a cambiar porque tú también lo harás. **Cuando la decisión proviene de un lugar genuino, estarás alineado con el universo, con la integridad, con la organización del orden universal**; así surgirán cosas maravillosas, como tener suerte porque las cosas pasan como quieres. Lo dicho se relaciona con que te alineaste con tu autenticidad, con tu fuerza y tu palabra, con algo que tiene que ver con tu parte espiritual.

Ahora, cuando debemos tomar decisiones fuertes, que se entrelazan directamente con nuestro espíritu (me refiero a esa parte intuitiva), sabemos internamente cuáles son. En muchas ocasiones tomamos decisiones que son difíciles de explicar racionalmente, pero que por dentro sabemos perfectamente que son correctas. Ésas representan cambios de escenografía total en nuestra vida; la gente puede decirnos: "¿Por qué estás tomando esas decisiones tan drásticas?"; pero decimos: "Yo sé que es algo inexplicable, pero por dentro estoy completamente seguro de que lo tengo que hacer". Es una situación que sólo uno mismo puede seguir para volverse a alinear en el camino del alma, el camino hacia el destino interior. Esto me ha pasado en varias ocasiones que pareciera que las decisiones están fuera de lo razonable, pero al pasar el tiempo me doy cuenta de cómo estas rutas eran tan importantes para revelar mi camino y mi crecimiento.

25

El ego

GLORIA CALZADA: *Este capítulo me parece fundamental para dimensionar quién y qué es en realidad este personaje que aparece, interviene e invade todo, que es el ego. El EGO no es aquel que antes sólo relacionábamos con la vanidad. Tiene una connotación mucho más compleja, profunda, y necesitamos aprender a conocerlo y detectarlo, porque su necesidad de protagonismo lo lleva a manejar nuestras vidas o nublar nuestro sentido común si lo permitimos. Es destructivo y despiadado. Su kriptonita es el presente.*

ALEJANDRA LLAMAS: Me encanta la explicación sobre el ego de Eckhart Tolle; es maravillosa, igual que la del libro *Curso de milagros*. Este libro habla del sentir del ego (que no es el ego presumido oególatra que a lo mejor hemos entendido desde el punto de vista psicológico). Es un ego diferente, del cual se habla desde los griegos; es una separación del ser; es como si se dividiera el ser esencial en dos. Aquí se explica el ego como una falsa identidad del ser, como algo que se contrapone al espíritu. Nos aleja de la esencia que somos: espíritu, alma, fragmento de lo divino, pero dejamos de reconocer esto cuando nos identificados íntimamente con el ego. Ahora, nos parece obvio que estamos inmersos en el mundo físico porque abrimos los ojos y vemos todo (que somos papás o trabajadores); mientras, etiquetamos todo lo que está fuera para que tome forma, clasificamos lo que vemos. Ahora bien, cuando el ego está dominando al ser, se produce una sobreidentificación con la forma física, que se puede reflejar en el trabajo, la ropa, en una relación o en relaciones o vidas truncadas. Es decir, la existencia de una sobreidentificación que nos enferma surge del miedo o de la culpa.

El ego es tan astuto como sea tu evolución y tu desarrollo en el camino espiritual; entre más desarrollados nos sentimos, más inteligente se volverá el ego para engañarnos, para ser ese impostor que se adueña de nosotros y de nuestra vida. Por eso, cada vez debemos estar más alertas para cacharlo, porque cuando menos lo esperamos estamos a su merced. Por eso ocurre que te das cuenta de que vives actitudes dañinas y dices: "En qué momento me estoy peleando con todo mundo, estoy en guerra con los demás y me siento separado".

GLORIA: *¿Cómo defenderte de ti mismo? Porque, aunque parezca irónico, el enemigo, el ego vive en nosotros.*

ALEJANDRA: Aquí vamos a poner especial atención a una parte fundamental del *coaching*. El ser esencial está sembrado en el amor, y el ego en el miedo. Me doy cuenta de que opero desde el ego cuando lo que me impulsa a actuar o a hablar es una sensación que nace del temor, de la vulnerabilidad, y siento que debo defenderme (ya sea de mi jefe, de mi esposo, de una situación), entonces me siento víctima y aislado.

Una manera para identificar el ego es que te sientes inferior o superior a los demás. La manera de volver es preguntarse ¿qué es amoroso en este momento?

GLORIA: *¿Cómo mantenernos centrados, ni superiores, pero tampoco inferiores?*

ALEJANDRA: Cuando te centras en el amor y lo sientes, por ejemplo cuando sales de una clase de yoga, cuando vienes de un seminario, cuando te sientes en paz contigo mismo, el mundo lo

142

ves igual a ti, de alguna manera hay una conexión profunda con los demás y los demás se vuelven parte de quien eres. Pero cuando opera el ego estás arriba o abajo en relación con los demás. Al estar abajo eres la víctima, al estar arriba eres soberbio, demandante, provocas que los demás estén para servir tu propósito; así, el de ellos desaparece.

El ego se vuelve tan listo que se cuela y apodera de tu diálogo interno, de tu vocecita, de tus pensamientos, de repente dices: "Ya estoy peleada con esta idea o con este proyecto o con esta persona con la cual antes me sentía cómoda y ahora ya no la puedo ver". Es bueno cuando puedes dar un paso atrás y decir: "Esto es acerca de mí o acerca de mi ego o estoy actuando desde el miedo, desde la competencia o me siento inferior, vulnerable, miedoso, entonces, me toca salirme de ese lugar y preguntarme ¿qué es efectivo ahora para estar en paz?"

GLORIA: *En el postulado del* coaching *de no etiquetar, el ego no es bueno ni malo. Está ahí, existe, y lo podemos detectar y controlar.*

ALEJANDRA: Todos tenemos ego. Es nuestro oponente cuando es el centro de toda conducta. Lo que sucede con el ego es que debemos aprender a relacionarnos con él. **Cuando el ego es quien nos domina, constantemente nos regaña, nos minimiza, nos hace sentir culpas o depresiones.** Si creemos en este tipo de pensamientos negativos, se convertirán en nuestra realidad, una realidad limitante.

GLORIA: *El ego "te mete la pata" a fin de cuentas.*

ALEJANDRA: Lo que pasa es que no siempre nos damos cuenta de que el ego está activo en nosotros. Por eso, hay que estar atentos para saber identificarlo y tenerlo bajo control. Es importante observarlo. Un ejemplo muy bueno para identificar las trampas son las enfermedades: a veces conoces a gente que está enferma de algo y el ego está sobreidentificado con la enfermedad, es lo que nutre y lo que le da identidad a ese ser; así, el ego manipula su exterior usando la enfermedad; sin embargo, esa persona no se da cuenta de que el ego es lo que la hace sentir importante a través de estar enferma.

Esa persona se vuelve la víctima, sin darse cuenta de que el ego le tiende una trampa. De esta manera, se refuerza una identidad negativa de la personalidad del ser, que se torna en la falta de confianza de su alma, en lo divino, en que todos estamos interconectados. Todo esto se diluye y la realidad se distorsiona gracias a ese ego dañino, que es quien rige nuestra vida, y no nuestra esencia, la cual está sembrada completamente en el amor.

GLORIA: *¿El ego te amarra al mundo terrenal?*

ALEJANDRA: Efectivamente. Existen dos áreas, forma y espacio, en las que nos movemos a lo largo de un día. Así logramos mantener el balance; pero cuando vivimos alguna situación que baja nuestra energía, habrá una reacción, con lo cual perderemos ese equilibrio. Cuando nos identificamos con una carencia, con un pensamiento repetitivo que nos habla mal de nosotros mismos, que nos compara con los demás, estamos sobreidentificados y construimos una identidad (no propia) con el ego que nos minimiza y nos hace sentir insuficientes. Hay que estar conscientes de que ésa no es nuestra realidad.

GLORIA: *¿Cómo podemos detectar el ego y neutralizarlo?*

ALEJANDRA: La idea no es tratar de eliminarlo sino de saber que existe y de observarlo para darnos cuenta si nos aleja del amor hacia nosotros y hacia los demás. Si estamos en conflicto, es un buen momento de recapitular y volver al amor; una buena pregunta es: **¿qué es lo más generoso para *mí* en este momento?**

144

GLORIA: *¿Qué hacer para no engancharnos con el ego? Como el ego es tan escurridizo y astuto y se manifiesta de tantas maneras, nos puede sorprender y nosotros ni siquiera enterarnos.*

ALEJANDRA: El ego es muy tramposo, sabe exactamente de qué pie cojeamos. Nos conoce mejor que nadie, sabe perfectamente cuáles son nuestras carencias, nuestras inseguridades, por dónde tirar el pensamiento e invadir todo el cuerpo con esa sensación negativa que provoca que nos alejemos del presente. Construir ilusiones de una realidad para llevarte a un lugar interno desde el cual frustres lo que deseas, pero que no es lo que realmente pasa fuera.

Hay que ser disciplinados con nosotros mismos y darnos cuenta de que atrás del ego siempre existe una emoción (de defensa, de justificación, de miedo). Es fundamental reconocer que el ego se colocará en historias acerca del pasado o del futuro (la emoción del pasado es la culpa y la emoción del futuro es la ansiedad). Primero que nada, tenemos que identificar cómo dividimos nuestro ego: en el pasado o en el futuro, según las emociones que sintamos. Las emociones que sentimos las proyectamos a los demás. Por ejemplo, la gente que vive en la culpa culpabiliza constantemente a los demás; esto quiere decir que vive en el pasado, lo cual se logra a través de las historias: "Déjame que te cuente lo que me pasó" o "déjame que te cuente lo que me hizo"; estas personas necesitan una historia para vivir, su ego está interrelacionado con los sucesos del pasado. En cambio, el presente desvanece al ego, y nuestros pensamientos en relación con el pasado y con el futuro son neutrales. Desde el presente, existen siempre soluciones, abundancia y perspectiva de lo que es real.

GLORIA: *¿El ego puede en algún momento ser el impulsor para lograr algo padre? ¿Sobresalir, triunfar?*

ALEJANDRA: Aquí hablamos de cómo sales al mundo y no de lo que logras. Tus logros son bienvenidos, pero hay una gran di-

145

ferencia en cómo llegas a ellos; si lo haces desde la contribución, desde el compañerismo, la armonía y el amor por la vida, entonces estamos hablando de que eres realmente poderoso sin hacer referencia al ego.

GLORIA: *¿Qué ejercicio recomiendas hacer cuando una persona quiere controlar todo su alrededor?*

ALEJANDRA: Un ejercicio que hago en la noche es decirme: "Con esto que hice hoy ¿me sentí incómoda?, ¿estaba yo realmente o estaba mi ego?, ¿qué estaba buscando?, ¿que la otra persona reforzara mi justificación, tener la razón, o darme cuenta de que estaba operando desde el miedo, que estaba a la defensiva (lo que a la larga me saboteará y atacará al otro, quedándome aislada)?"

GLORIA: *El ego, como lo describe Eckhart, es como un ser vivo, tiene vida propia. Por lo tanto, me parece importante buscarle otras acepciones. ¿De qué otra manera podríamos llamarlo?*

ALEJANDRA: Es una parte distintiva en nosotros. Otra manera de entenderlo es como el cerebro reptiliano, como el cerebro distintivo, que actúa desde el miedo para la sobrevivencia. También nos da voz, porque cuando actuamos desde el miedo pensamos que realmente estamos en peligro. Es muy fácil que este cerebro primitivo se nos cuele y nos diga: "Ataca al de junto porque es una amenaza, nos puede quitar el puesto". Ésta es una manera de vivir muy primitiva e instintiva en el ser humano (ya que éste se ha encontrado en situaciones de supervivencia a lo largo de la historia y ha descubierto un poder ilusorio fuera de sí mismo). A la larga, es importante reconocer el ego y transcenderlo.

GLORIA: *¿Es importante tener un poquito de ego que impulse, pero que seas tú quien lleve las riendas sobre él y no viceversa?*

146

ALEJANDRA: Debemos aprender a identificarlo para reírnos de él, para hacerle ver que él no representa la persona que eres verdaderamente.

Un buen ejercicio es pensar: "¿Si esto que tengo ya no lo tuviera, cómo me sentiría? ¿Si ya no tuviera esta profesión, me sentiría incompleto?" Ya que ahí estaríamos construyendo apegos para completarnos de una manera ilusoria con elementos del exterior, pensando que de alguna manera estos roles crean quienes somos a un nivel más profundo.

Mientras el ego no sea un farsante (que provoca que te enojes con otros o que te tenga sometido) está bien. Está el ego que a veces todos alimentamos, el que nos hace gustarnos, vernos bien, el que no nos sobreidentifica, el que se convierte en un propulsor para relacionarnos con el mundo, el que es divertido, el que es una energía dentro de nosotros que no nace del miedo. Si quiero triunfar, debo hacerlo desde esta clase de ego, que es distinto del que estamos hablando. Lo interesante es crear desde el amor, desde el bienestar del ser humano.

La inseguridad es parte del ego dañino. Y ésta nace cuando no podemos vernos a nosotros mismos más que a través de calificativos superficiales ni podemos ver una dimensión más profunda de quienes somos.

26

Gratitud

GLORIA CALZADA: *Creo que éste es mi capítulo favorito del libro. Procuro que la palabra que más veces salga de mi boca y se refleje en mis ojos sea GRACIAS. El sentir genuina gratitud —de entre más cosas, mejor increíblemente me ha traído los mejores regalos de mi vida.*

La gratitud es estar en paz con el pasado, con el presente, con el futuro.

¿Cómo llegar a ese punto de agradecer y estar en paz de manera natural sin siquiera pensarlo?

ALEJANDRA LLAMAS: Lo contrario de gratitud es ingratitud (en el diccionario dice que es "la falta de reconocimiento"). Esto es clave. **Cuando no agradecemos, muchas veces es porque nos enfocamos en percibir lo negativo.** Es vital cuestionarnos quién somos como seres humanos, dónde necesitamos ser humildes, cuándo necesitamos pedir perdón, qué necesitamos ver que no estamos viendo ahora. Las posibilidades de crecimiento se expanden cuando logramos hacer un esfuerzo para estirar la mente, para salir de lo preestablecido, desde lo que peleamos, y entrar en un área, que a lo mejor nos resultará incómoda al principio, y ante todo buscar agradecer. Siempre habrá qué agradecer. Detectar esto es aprender y transformarnos como seres humanos.

Lo que tenemos que hacer es voltear hacia las personas con quienes estamos en conflicto, o con las circunstancias, y ver qué nos enseñaron hasta que estemos en paz... Ese trabajo es acerca de nosotros.

La gratitud, así como la meditación, es energía, y se puede compartir entre todos. Hagamos un pequeño ejercicio: respiremos en la casa, en la oficina, en el tráfico o en donde estemos; cerremos los ojos, inhalemos profundo, bajemos los hombros; inhalemos profundamente pensando en la palabra gratitud; suavicemos nuestro pecho, los ojos, los oídos; inhalemos gratitud y exhalemos todo lo que se tenga que ir de nuestro organismo; dejémoslo ir, dejémoslo salir y llenémonos de luz y amor.

Agradecer me parece conmovedor. Es la conquista más importante que tenemos como seres humanos. **La gratitud es la vibración más alta a la que podemos llegar, y si realmente queremos atraer en nuestra vida lo que deseamos tenemos que vibrar en ella.**

GLORIA: *¿Nos podemos dar cuenta de las cosas que podemos agradecer si observamos más? Contemplar, qué acto más hermoso, porque es un arte. Parece que es no hacer nada, pero implica apreciarlo todo. Ver las cosas que valen la pena, enfocarse en que toda forma tenga validez para nosotros.*

ALEJANDRA: **Vivir en gratitud nos hace un tipo de ser humano que irradia apertura, aceptación, da bienvenida a la vida; si sólo fuéramos a trabajar una virtud espiritual, creo que la gratitud encierra la mayor transformación y bienestar en el ser humano; impacta de manera profunda e inmediata la calidad de nuestra presencia.**

27

El perdón

GLORIA CALZADA: *¿Cuándo corresponde que nos ofrezcan una disculpa?* *A mí me parece un dilema ético. Y más desde la perspectiva del coaching que nos coloca en un lugar tan neutral y generoso. En teoría, no deberíamos ni siquiera estar en esa situación. La del ofendido, la de la víctima. A muchos nos pasa que a veces tenemos un resentimiento horrible contra alguien y que tal vez ni siquiera recordamos por qué fue el enojo… pero estamos esperando una disculpa.*

ALEJANDRA LLAMAS: Lo que pasa es que esperamos que la gente reaccione como nosotros lo haríamos, eso nos han enseñado desde pequeños. También llegamos a tener altas expectativas de las personas y cuando ellas resultan humanas, y cometen errores, nos decepcionamos. Es en este punto donde observo que mis clientes se atoran: "Esto no salió como yo esperaba… ¿Ahora qué hago? ¿Qué hago con estos sentimientos de frustración?" Me parece que es aquí donde nos faltan muchos recursos.

Esto se relaciona con el ego: "¡¿Cómo a mí me van hacer esto!? o ¿¡cómo esta persona se atreve a contestarme así!?" Es una tendencia de colocarnos como antagónicos, ante la necesidad de que los actos de la otra persona nos los tomemos completamente personales, de que el mundo gire alrededor de nosotros.

Es importante comprender que lo que los otros hagan o no hagan no tiene que ver necesariamente con nosotros. Entonces, no tenemos por qué engancharnos ahí, porque si el ego te agarra, empezará esa vocecita dañina que dicta que nosotros estamos bien y no los otros, y es justo esa posición la que provoca sufrimiento.

GLORIA: *¿Entonces es innecesario esperar el perdón de una persona que fue desconsiderada con nosotros?*

ALEJANDRA: Es crucial tratar de entender al otro, reconocer que su visión del mundo lo llevó a actuar de determinada manera. Puede ser que nos atravesamos en un mal momento, pero si tomamos su acción como personal, será justo cuando se desate la distorsión. En cambio, si hacemos una separación y decimos: "Bueno, esta persona hizo esto, pero tuvo que ver con su vida, no contra mí", todo cambiará en nuestro beneficio.

Que los actos de esa persona duelan o no, no lo podemos controlar, pero sí podemos manejarlo. En *coaching* **revisamos aquello que duele, porque si te dolió, si te lastimaron los actos de cierta persona, quiere decir que, aunque no lo quieras tomar personal, ese evento invadió tu zona de confort y de salud mental; entonces, tienes que poner límites alrededor de esta persona justamente, porque reconoces que eso no te hace bien (no desde una cuestión de juicio o de superioridad).**

Conozco la situación de una mujer a quien le secuestraron a su marido y lo mataron. Después de todo esto ella me hizo una pregunta: ¿Cómo perdono?

Es una de mis estudiantes, le asesinaron a su esposo en Colombia. Ella ha tenido que hacer un trabajo profundo para liberarse de esto. Tuvimos una conversación muy valiente, en la cual me parece que ella ha hecho una liberación de su alma y regresar a la vida. Dice que en un momento dado tuvo la oportunidad y la valentía de presentarse frente a los sicarios que mataron a su marido. Cuando llegó a pedirles explicaciones, a reclamar, para ver si eso le aliviaba un poco, su corazón se dio cuenta de que estos jovencitos no conocían otra cosa desde su visión del mundo. Para

152

ellos había sido un trabajo más; era el producto de sus vivencias y de haber crecido marginados; de alguna manera la vida los arrojó a esto y ellos actuaban desde una profunda inconsciencia. Cuando pudo entender que no fue algo personal, que los asesinos habían actuado desde su visión del mundo, desde sus carencias emocionales, ella comprendió que por más que se peleara contra esta realidad, era un hecho que no podía cambiar; que mientras fuera víctima de estas personas o de estos actos que la carcomían, seguiría sufriendo. Al final me dijo: "El gran despertar para mí fue darme cuenta de que, aunque haya sido algo tan profundo y tan fuerte, a mí me toca elegir la paz". Después de esto, tenemos que abrir nuestra mente para trascender estas situaciones, y si logramos movernos a un mejor lugar, podremos tener la esperanza de vivir en la luz.

Esta chica ha tenido experiencias muy fuertes. Por eso le dije: "Qué experiencias tan fuertes te ha mostrado la vida frente al perdón"… Ella es una persona con tanta luz que me respondió: "El *coaching* me ha servido tanto… He podido acomodar las cosas desde un lugar para superar lo que he vivido, que ha estado en el ámbito de otras personas o en el ámbito de Dios. Por eso hoy decidí vivir libre, me toca dejar lo que no entiendo y trabajar en mí, en mis fuerzas y en mi amor por la vida". Tiene una alegría y una fuerza… porque su felicidad es genuina. Es genial porque su libertad es de no hacer caso a lo que fue, sino tratar de relacionarse con ello, con su alma y con sus fortalezas.

Me dijo: "Me costaba mucho trabajo la vida cuando estaba peleada con todos… ahora ya no me cuesta trabajo".

Debemos seguir adelante y saber que las personas actúan desde su visión del mundo, desde sus carencias emocionales, espirituales, desde el maltrato que sufrieron. Insisto, esto no justifica los actos, pero si entendemos que eso está separado de nosotros, habrá oxígeno para desengancharnos y buscar la sanación del alma y del ser.

153

GLORIA: *¿El perdón debe convertirse en algo más sencillo para nosotros?*

ALEJANDRA: Sí. Es no querer cambiarlo todo y dejar de vivir en el "no debería de haberme hecho eso", que es la llave para el sufrimiento. En ocasiones mis clientes me dicen: "Es que esta persona no me debió haber dicho mentiras". Y les respondo: "Acuérdate de la última vez que dijiste una mentira"… Todos mentimos, cometemos errores, pero tendemos a idealizarnos frente a las fallas de los otros, pero cuando humanizas tu postura, piensas: "A lo mejor no merezco una disculpa, sino ver la humanidad de todos; y sí, esa persona mintió, pero a veces yo también miento o lastimo a otros". El cómo nos vamos a relacionar frente a los errores de otros es muy importante para nuestra evolución.

Pensar que otros deben ofrecernos una disculpa es una parálisis para estar en bienestar. Es otra vez querer controlar lo que hacen los demás para lograr nuestra liberación.

GLORIA: *Yo por suerte tengo mala memoria, y los detalles del desencuentro los olvido. Sólo me queda la noción de que con esa persona simplemente debo poner distancia y asunto concluido.*

28

Ser conscientes

GLORIA CALZADA: *Estamos en un despertar de conciencia. Es el fin de una época. Esto tiene que ver con transformación; volver a nosotros, a nuestra esencia, a la conexión y amor por otros y por el mundo. Reconocer que el planeta está viviendo una evolución y que habrá quien esté tomando conciencia de sí mismo y logre trascender. Cada día debemos ser más conscientes y responsables.*

Procurar aprender a vivir siempre en el presente eleva nuestro nivel de conciencia de manera importante, ¿qué más nos conviene?

ALEJANDRA LLAMAS: Dicen que en el mundo cuántico no existe el tiempo lineal, sino que el tiempo y el espacio son uno; o sea, lo que ves es lo que es. Yo creo que eso es lo que está pasando, que el tiempo lineal se está disolviendo, entonces, lo que decimos tiene una consecuencia inmediata; nuestras actitudes se reflejan prontamente en el exterior: si no somos honestos, esa deshonestidad se disolverá frente a nosotros rápidamente.

En esta rapidez de energía en la que nos movemos junto con el planeta, es muy importante que cuidemos nuestras palabras, porque éstas tienen un efecto inmediato; si decimos o actuamos inconscientemente se hará un *boomerang* en nuestra vida. Debemos ser íntegros en principio con nosotros mismos, y extender esta virtud en nuestras relaciones con el fin de aparecer frente a los demás como realmente somos. Mostrarnos unos a otros de una manera auténtica, vulnerable y natural fuera de imposturas, esnobismos y opiniones rígidas con el fin de disolver el ego, es la gran meta que tenemos en esta época. Hablar de dar voz al espíritu es tratar de reconocer que somos esa esencia en vez de estas personalidades que chocan, que pelean y que son de alguna manera inconscientes.

GLORIA: *¿El que toda una sociedad esté relacionándose de esta manera que describes habla como de un ego generalizado?*

ALEJANDRA: Sí, hay un ego colectivo que está enfermo, distorsionado, se apega a cuestiones ilusorias (como puede ser una relación, la ropa, el poder). **Nuestra sociedad está inmersa en esta enfermedad mental colectiva; es importante que hagamos el esfuerzo de despertar y de hacernos conscientes.** Todavía hay mucha gente muy inconsciente (destructiva), pero también siento que nos estamos uniendo poco a poco. Todos juntos creamos esta gran mente y es obligación de cada uno sanar la parte que le corresponde.

GLORIA: *¿Crees que realmente nos convertiremos en una fuerza transformadora con sólo desearlo y actuar en consecuencia?*

ALEJANDRA: Yo creo que estar conscientes es el mayor poder. Nuestra intención es comunicarnos y saber que cuando alguien tiene una manera distorsionada de comunicarse o nos ofende es su ego el que lo ocasiona, por lo tanto, no me lo voy a tomar personal, sólo le voy a decir: "Esto me molestó", sin quejarnos, sin resentirnos, simplemente para que la otra persona pueda corregir ese acto si lo desea y se consolide la relación.

Éste es el tipo de lenguaje que requiere esta nueva era. Requiere que seamos simples, directos, sencillos, que no creemos drama, que no nos proyectemos. Si tenemos problemas con nuestros papás, resolverlos. Si tenemos cosas no resueltas, trabajar en ellas. No se trata de salir con estas emociones a proyectárselas al mundo, se trata de voltear hacia adentro para empezar a sanar y decir:

"¿Qué me toca hacer este año para volverme armonía para los demás?" Ése es el nivel de conciencia que debemos adquirir. Si continuamos en la queja y proyectando nuestras rabias y resentimientos a quien se nos pare enfrente, buscaremos enemigos y estaremos alimentando la separación e individualidad.

Entendamos que lo que nos detiene en el mundo es el sentimiento de miedo, lo que llamamos *fracaso*, entonces en eso nos convertimos. Pero si ya no estamos ahí, la vida se nos moverá energéticamente para florecer.

La destrucción o el florecimiento de cada uno de nosotros nos lo generamos nosotros mismos. Aquellos que no se den cuenta de esto, que no despierten, que no se vuelvan conscientes, encontrarán su autodestrucción (a lo mejor se enfermarán) porque atoraron su energía. Florecerá quien se vuelva fuerte espiritualmente.

Eckhart Tolle dice más o menos así: "No tiene que ver ni con la religión, ni siquiera con creencias… **Tu estado de conciencia determinará la persona que eres, cómo te relacionas contigo mismo y con los demás**".

La palabra *consciente* se refiere a que sabemos que hay un observador profundo en nosotros, que es quien reconoce qué pensamos, cómo actuamos, sin calificar; entre más fuerza tenga ese ser, más oportunidad tendremos de rectificar si lo que pensamos realmente tiene que ver con la realidad o con la película que nos hemos contado sobre alguna situación, que no tiene nada que ver con lo real. *Ser* una presencia poderosa en cada momento.

Una mente inconsciente es la que no se da cuenta de esa voz interior, por ello actúa justificando sus actos de proyección y de ataque hacia los demás. Con ello, nos volvemos seres que no crecemos porque giramos en torno a las historias que nos inventamos.

Observar a quien señalamos o culpamos es vital para nuestro crecimiento. Después de esto, será fundamental aprender a vivir la lección. Se dice muy fácil, pero si terminas una relación y culpas al otro, si te corren del trabajo y te quedas resentido, entonces no estás dispuesto a hacerte responsable y a neutralizar la situación. Ante esto debes pensar: "Eso es lo que pasó, pero ¿qué sigue para mí?, ¿qué puedo fortalecer?, ¿qué nuevas oportunidades hay?" Oblígate a tener ese tipo de conversaciones contigo mismo cuando reconozcas que pusiste tu atención en ser la víctima.

29

Crear conversaciones poderosas

GLORIA CALZADA: *A veces nos aprovechamos y pedimos de más o somos groseros con nuestra pareja, familia, compañeros, etcétera. No vemos que nuestras exigencias y miopías deterioran las relaciones. Además somos más rudos con quienes más queremos.*

¿Será que con la familia aprovechamos para ejercer nuestro ego y proyectar nuestras inseguridades?

ALEJANDRA LLAMAS: Sí, porque tenemos la confianza de que ahí estarán. Además conocemos sus intimidades, las que no nos quedan muy claras, y no vemos las nuestras. Si reconocemos esto, creceremos, liberaremos al otro y lograremos una relación cercana, madura y responsable con la gente que está tratando de hacer su vida cerca de nosotros.

Observar lo que te dices es de las prácticas y disciplinas más hermosas. Simplemente reconocer que cada palabra que sale de nuestra boca es mágica y es la herramienta de creación más poderosa que tenemos. Las palabras traen una carga energética muy fuerte, como dice Miguel Ruiz en *Los cuatro acuerdos*: "La palabra puede hacer magia blanca o magia negra"; es decir, puede construir un mundo, un paisaje, una escenografía, a la cual entrar y visitar en un futuro, o puede destruir, hacer daño, mandar críticas, juicios. **La palabra que expresamos regresará con carga energética. Cuando nos damos cuenta de ese poder, de esa varita mágica que es la palabra, comenzamos a respetarla.**

He aprendido mucho de esto, me he dado cuenta del poder tan importante que tiene la palabra, y de cómo, cuando la uso con respeto, puede inspirar, transformar, comunicar desde el alma, desde la intuición, y te das cuenta de la responsabilidad que tenemos los seres humanos para aprender a usarla. Es la herramienta que empleamos para conectarnos con los otros, la usamos para crear ese gran caldo amoroso en el que estamos inmersos y poder mostrarnos desde ahí.

GLORIA: *Debemos pensar muy bien lo que vamos a decir. Es muy divertido y fácil hablar a la ligera, y caer en el afán de bromear, hacer alusiones que pueden lastimar. De hecho es algo que se ha vuelto muy popular.*

ALEJANDRA: Exactamente. Las palabras y las acciones crean tus paisajes, definen tus relaciones, abren o cierran lo que es posible en tu realidad. **La palabra no sólo crea la realidad, no sólo la describe, también la sostiene en el tiempo, este tiempo será el futuro.** Por lo tanto, es vital darnos cuenta de que si cometimos una acción destructiva podamos dar un paso atrás y sanar a partir de la reconstrucción de la palabra.

GLORIA: *Aquí va un buen ejercicio para abordar temas importantes con éxito.*

ALEJANDRA: Hay preguntas muy importantes de las cuales podemos tomar nota. En éstas tenemos que vivir cuando nos encontremos en ciertas situaciones complicadas (o que lo fueron en el pasado); si vivimos como tal en estas preguntas saldremos victoriosos. Preguntémonos primero: "¿Qué tiene esta experiencia para mí? ¿Representa un reto? ¿Dónde está mi crecimiento espiritual?" Debemos sustraernos de la escenografía, de la conversación, y cuestionarnos: "¿Estoy siendo reactivo?" Después reflexionemos sobre cómo podemos contribuir a esta situación (tal vez con nuestra paz, con nuestro silencio).

GLORIA: *No sólo la palabra, también la actitud que tomemos ante la conversación será el poder que nos dará la pauta. Si, por ejemplo, estoy con alguien de mi familia que me exaspera y mi conversación con esa persona ya está desgastada y se hace en tono agresivo, ¿qué puedo hacer?*

ALEJANDRA: Efectivamente. Aquí viene la siguiente pregunta: "¿Quién quiero ser y qué quiero manifestar siendo así? ¿Quiero ser amor, diversión para esta familia?" Nos reconstruimos a partir del diálogo interno; ésta es otra manera de conversación en la que vivimos. Vivimos en conversaciones exteriores e interiores. Estas preguntas ayudan a esclarecer nuestro diálogo interno y nos llevan a crear conversaciones externas que impactan nuestra actitud.

La palabra es clave para dar el primer paso. La conversación, lo que digas, las palabras que uses, todo es muy importante para reconocer el cambio y la maravillosa herramienta que es el lenguaje.

GLORIA: *¿La conversación debe ser entonces primero contigo mismo, antes de expresarte ante alguien más?*

ALEJANDRA: Primero tienes que estar despierto a cuáles son los acuerdos que tienes contigo mismo, después verás cómo esos acuerdos se entrelazan con otros. Esto habla de autoconocernos, lo cual nos lleva a la última pregunta frente a una conversación: "¿Cómo experimentaré la vida desde este lugar?" Si ya elegí dónde estoy, debo enterarme desde qué lugar la experimento (como víctima de la situación o como alguien que puede aportar algo).

GLORIA: *Teniendo todas estas armas para entrar en una conversación, estamos listos para reinventar relaciones gastadas, reconciliar ciclos viciados, estamos fortalecidos.*

ALEJANDRA: La idea es movernos a lugares de amor. Nuestro objetivo es estar en armonía con nuestro entorno, usando las situaciones y a las personas como maestros y, más que nada, colocarnos en el lugar de aprendices, en vez de dominar, o en saber exactamente qué vamos a conquistar desde nuestro ego. **Es muy importante partir de la humildad al decidir cómo usar determinada circunstancia para crecer, para convertirnos en personas con mayor claridad.**

Mientras no queramos ser aprendices de la vida, mientras no entendamos que todo el tiempo estamos en retos y crecimientos, que cuando conquistamos una batalla la vida nos pone otra con el fin de que aprendamos constantemente, no nos daremos cuenta de que la vida se encarga de guiarnos.

GLORIA: *Deseamos sinceramente vivir en paz, y seguramente con alguien debemos limar asperezas para llegar a la reconciliación, ¿cómo lo hacemos?*

ALEJANDRA: Hay lenguajes específicos que tenemos que cambiar; por ejemplo, es de gran ayuda liberarnos de la expresión: "Yo tengo la razón". Mientras vivamos pensando eso, mientras que nos justifiquemos y vivamos en esa raíz, la relación no sanará.

GLORIA: *¿Y qué tal si tenemos la razón?*

ALEJANDRA: Como dicen: ¿qué prefieres, tener la razón o ser feliz? Es preciso entender que no hay verdades absolutas, tú tienes una verdad y la otra persona también la tiene en función de cómo ve el mundo. Tener la razón da igual, por ello es mejor soltarla y ver hacia dónde nos lleva nuestro lenguaje y utilizarlo para vivir más allá de posturas y razones.

GLORIA: *¿Quitar el juicio y abrirte a la otra persona para que te aporte su opinión provocará que entiendas sus sentimientos sin ser soberbio?*

ALEJANDRA: Así es. Tener la razón nos lleva a tratar de convencer a los demás de nuestra verdad y a darnos un valor ilusorio frente al otro. Éste es un juego del ego. Es mucho mejor vivir en un mundo en el cual coexistan diferentes verdades, sin imponerlas.

162

De lo contrario es una lucha sin fin para demostrar quién es más inteligente o quién está bien y quién está mal. Si dejamos atrás estas luchas, viviremos en un mundo más feliz, donde cada quien pueda vivir con su verdad.

Muchos hemos crecido en una sociedad ególatra; eso nos ha confundido. Hemos peleado por imponer nuestras ideas religiosas, económicas, de pareja, las que creemos que tienen mayor valor sobre otras. Si pudiéramos no vivir amenazados por las verdades de otros, por las creencias de otros, viviríamos en un mundo en donde cada quien desarrollaría su vida y sus intereses de manera sana y natural.

GLORIA: *Hablando de la importancia de las palabras, ¿qué frases debiéramos cuidar con el ánimo de crear conversaciones poderosas?*

ALEJANDRA: Las frases que no deben estar en nuestro lenguaje son: "Ellos deberían de cambiar", "las cosas deberían ser diferentes", "que otros se encarguen de arreglarlas", "yo sé que es lo mejor para ti", "lo que tú haces me hace sentir mal", "la vida no es justa", "algo malo va a pasar", "no hay suficiente para todos", "cuando logre tal cosa, seré feliz", "estoy gorda", "¿por qué no eres así conmigo?", etcétera.

30

Cómo usar el lenguaje para creer y sostener nuestra realidad

GLORIA CALZADA: *Es vital darnos cuenta de la fuerza que tiene el lenguaje, porque las palabras nos entusiasman, nos enamoran, pero también pueden destruir nuestra seguridad, agredirnos.*

ALEJANDRA LLAMAS: Existen personas determinantes que tienen el poder o la magia de que sus palabras influyan en nuestras vidas, pero también podemos delimitar qué tanto nos definen esas palabras ajenas. Saber que las palabras pueden sanarnos es un alivio.

GLORIA: *Nos convertimos en alguien afectado por las palabras de otras personas, pero ¿también con las propias?*

ALEJANDRA: A veces traemos voces que han sido destructivas; esa voz nos ha hablado a lo largo de la vida y nos sigue haciendo daño. De alguna manera la hemos confundido, pensamos que es nuestra y la repetimos constantemente. De tal suerte que recreamos esos mensajes hacia nuestros hijos, hacia nuestros sobrinos, allegados, etcétera, y definimos mensajes que se vuelven colectivos y limitantes para todos.

GLORIA: *En el medio donde me desarrollo, había la creencia "ya no aplica" de que una mujer a los cuarenta ya no servía para nada. Me lo creí, y me pasé muchos años muy tensa en una carrera contra el tiempo, no diciendo no a nada, con tal de no darle la espalda a las oportunidades y dejar de construir un patrimonio para esos años difíciles por venir "otra creencia". No me arrepiento de ser muy trabajadora, pero a veces mis motivos no eran los ideales y me alejaban de la paz; ahora sé que también de la realidad.*

ALEJANDRA: Es importante regresar a la integridad de tu palabra. **La integridad es clave en el** *coaching.* Tiene que ver con que vivas en una verdad limpia que te mantenga alejada de crear conclusiones acerca de otros; implica que realmente te introduzcas a lo más simple de tu ser y uses tu palabra de la manera más clara posible empleando tu honestidad, sin abusar del lenguaje. Me refiero a no manipular, a no mentir, a respetar la herramienta del lenguaje y a tener como finalidad la intimidad y el cariño para dejar de sentirnos superiores o inferiores frente a otros, para alinearnos con la neutralidad y con el poder de crear acuerdos poderosos con otros.

GLORIA: *Los pensamientos son palabras no dichas; también cuentan. ¿Hay alguna diferencia entre pensamiento o palabra manifiesta?*

ALEJANDRA: No podemos hablar sobre lo que no podemos pensar. Nuestros pensamientos se vuelven nuestras palabras, por eso se dice que "el lenguaje crea tu realidad". Tu realidad se convierte en lo que piensas, por lo tanto, en lo que hablas. Una vida con más dimensión es una vida en la cual nos interesamos por expandir temas. Por lo tanto, si quieres volver tu vida más poderosa o enriquecerla en cualquier área, tienes que leer, que enterarte, que aprender para tener pensamientos acerca de ese tema y crear mayor lenguaje y, por ende, lograr acciones efectivas. En *coaching* llamamos a esto crear "distinciones" de algo que no reconocíamos antes y ahora se vuelve accesible para nosotros.

Todo inicia con el pensamiento. Por eso en *coaching* decimos que si estás cojeando en un área de tu vida (por ejemplo, en las finanzas o en la salud) es porque falta conocimiento. Lo que pedimos al cliente es que expanda su lenguaje y sus pensamientos al leer sobre estos temas. Probablemente dirás: "Es que yo no soy buena para los números o para cuidar mi salud", pero lo que te falta son "distinciones" que creen posibilidades, campos de acción y que ayuden a salirte del lenguaje limitante de "eso no es para mí" o "yo no soy bueno para tal cosa".

Otro ejemplo. A una persona que trata de salir adelante en una relación de pareja y no está teniendo éxito, le recomendaría dentro de un proceso de *coaching* que leyera sobre las relaciones de pareja para que extendiera su panorama ("distinciones") y con esto conquistar sus objetivos.

GLORIA: *Precisamente, cuando te das cuenta de que no eres buena para algo, tratas de no pensar en ello. Evades y te cierras.*

ALEJANDRA: Le das la vuelta porque lo que te hace falta es material de pensamiento para actuar. Entonces, si vemos que fallamos en varias áreas, vayamos a comprar libros, entrémosle a esos temas que pensamos que no eran para nosotros, porque tener dominio en ellos y madurar sobre ellos hará nuestra vida balanceada y nos colocará en un mejor lugar. Información es poder en el *coaching* también.

GLORIA: *¿Cómo usar el lenguaje para poner límites? Contundentes y generosos, pero eficientes.*

ALEJANDRA: Esto sería un lenguaje interior, crear calidad en nuestros pensamientos, lo cual provoca una mejor calidad de vida y mejores acuerdos con nosotros. Ahora bien, cuando tenemos carencias en nuestras relaciones interpersonales, el lenguaje vuelve a tener una posición muy importante; quiere decir que nos creemos víctimas cuando las personas de nuestro alrededor hacen cosas que nos lastiman o tienen una comunicación pobre. También nos convertimos en víctimas cuando estamos enojados u ofendidos y queremos un perdón de cierta persona. En estas circunstancias, el poder radica en lograr una conversación poderosa con ellos, ahí es donde encontraremos nuestra liberación, en el lenguaje. Por ejemplo, si llega tu suegra a tu casa y hace cosas que no te gustan (como entrometerse en tu matrimonio, maltratar a tus hijos, etcétera), que son cosas que te hacen sentir víctima y abusada en esa relación, usa tu lenguaje con el fin de crear nuevos acuerdos, para decirle lo que esperas de la relación, dónde van tus límites, consolidar nuevas promesas y plantearle tus peticiones; así la relación se alineará con lo que estás dispuesta a vivir y con cómo quieres que entre en tu vida. En este caso podrías decir: "La educación de mis hijos es mi responsabilidad y prefiero que no intervengas con ellos". Con esto llegarás a nuevos acuerdos con ella, porque a lo mejor no se ha dado cuenta de que para ti eso es un problema. Tienes derecho a diseñar tus relaciones y a ver de qué manera la gente entra a tu vida.

Una palabra clave para esto es la neutralidad, así puedes pedir las cosas con cortesía.

Pedir desde un lugar maduro, desde los acuerdos que surgen de tu poder. El derecho que tienes a crear tu vida, a diseñar las fronteras para que tus relaciones funcionen, tiene mucho que ver con los límites amorosos hacia ti. **Si alguna de tus relaciones cercanas no funciona es porque no tienes una comunicación efectiva, clara, directa y neutral.** En *coaching* llamamos a esto "actos lingüísticos", y hablan de tener claro qué pedimos, qué promesas creamos, qué aseveramos y qué declaraciones están activas en crear nuestro futuro. A veces se necesita valor para tener conversaciones (tanto con uno mismo como con alguien más), y como no lo tenemos, preferimos ser la víctima, quejarnos, juzgar en vez de invitar al otro a tomar un café y decirle: "Esto que haces no me funciona. Yo quisiera hacerte estas peticiones, crear nuevas promesas contigo para que aceptemos nuestras diferencias y podamos vivir con ellas".

GLORIA: *Es importante que entendamos que debemos tratarnos de adulto a adulto, y así, con ese respeto, comprender y también contestar.*

ALEJANDRA: Exactamente, y nos cae como anillo al dedo para lo que estamos diciendo. Muchos padecemos de una inmadurez en nuestro diálogo, tanto interno como externo, y despertar a eso es no exagerar, crear nuevas perspectivas. A veces tendemos a mentir y a exagerar nuestros pensamientos, nuestras palabras... Cuando te des cuenta de que lo estás haciendo, corrige y di: "No, esto no es exactamente lo que dije". Trata de apegarte a la neutralidad, a la mayor verdad posible, y de pulir lo que dices hasta acercarte a una madurez en el lenguaje.

Si para ti algo es importante, es una verdad, es válido, es una creencia fundamental, comunícalo a la otra persona. De esta forma, recrearemos un mundo en el que todos podamos tener creencias diferentes, hábitos distintos, acomodarnos unos a otros sin sentirnos amenazados o pisados. Así, también podremos poner límites desde un lugar amoroso.

El tema del lenguaje es complejo. Existe el lenguaje interno, el que crea nuestros proyectos de vida, y el lenguaje externo, que es con el cual nos relacionamos. Ambos están interconectados. Cada uno tiene su magia, su mundo. Debemos estar despiertos a ellos porque se vuelven quienes somos.

GLORIA: *A veces no nos damos cuenta del lenguaje que manejamos y no sabemos si viene desde el odio, el amor, la comprensión o la intolerancia. Antes no habíamos considerado la importancia de los adjetivos y tonos.*

ALEJANDRA: Así es. Quizás no te das cuenta de que el tono emocional de tu lenguaje es la frustración o la victimización y todo lo que dices está empapado o filtrado por ese tono emocional; por lo tanto, lo que colocas afuera es lo que se te regresa. Es muy importante reflexionar sobre el tono emocional que se encuentra debajo de las palabras, de los discursos, de lo que me digo

169

mientras me relaciono con otros (¿me siento víctima o poderosa o inspirada por mis conversaciones?).

GLORIA: *¿Cuál es el tono emocional en el que vivo todos los días? ¿Cómo sé?*

ALEJANDRA: Para reconocer cuál es en general nuestro tono emocional es importante observar si en nuestras conversaciones incluimos oraciones como: "Así es la vida", "yo soy así", "en este país no se puede", "siendo mujer eso sería imposible". Cuando usamos estas frases no nos damos cuenta de que son afirmaciones que se vuelven nuestra realidad y son causantes de cómo filtramos la vida.

GLORIA: *¿Qué pasa cuando por fin te atreves a hablar con alguien para decirle lo que te molesta y no quiere entender que eso es importante para ti (se molesta o dice que va a cambiar, pero sigue haciendo aquello que te perjudica o lastima)?*

ALEJANDRA: No tenemos el poder de cambiar a nadie. Las personas son como son y se presentarán frente a nosotros con su manera de ser. Ahora, está en nuestras manos crear nuevos acuerdos o hacer peticiones, pero si estas personas no cambian sus maneras de presentarse o de comunicarse y esto nos molesta, nos agrede o nos lastima, tenemos que aceptar a esas personas como son, pero poniendo límites sobre esa aceptación. Esos límites pueden ser diversos, desde retirarlas de tu vida hasta diseñar cada cuánto las verás o en qué circunstancias. Tomemos siempre esa responsabilidad.

Les recomiendo un ejercicio muy saludable para poder estar en paz con nosotros mismos frente a los demás: no quieran cambiar a las otras personas, cuestionen cómo quieren ser frente a ellas en función de su bienestar, salgan de los juicios de valor, construyan conforme a su paz. Si logramos construir en relación con esto, sin etiquetar a los otros de buenos o malos, no caeremos en la victimización, sino en acuerdos de salud.

Las personas somos diferentes por personalidades e intereses. Creo que el gran reto es resolver cómo nos relacionamos con las diferencias de los otros. Haz acuerdos y relaciónate en función de tu bienestar para dar lugar a que la relación marche.

31

El arte de elegir

GLORIA CALZADA: *Hace muchos años, hablando con un señor muy importante y rico que nos invitó a un grupo de gente joven a un plan que sonaba fantástico, le pregunté que si de veras se le antojaba invitarnos a algo tan increíble (qué insegura), y él me contestó: "Mira, yo nací rico y poderoso. Yo elijo con quién convivo". Me quedé pensando y años después saqué mi propia versión: yo no nací así, pero tengo el poder de elegir con quién me relaciono. Creo que es un privilegio de todos.*

ALEJANDRA LLAMAS: La plática de hoy tiene su base en el libro de Sheena Iyengar; un libro muy lindo que se llama *El arte de elegir*. Ella dice que tenemos la idea, sobre todo en Occidente, de que entre más opciones tengamos (desde poder elegir un supermercado, un restaurante o qué ropa usamos), más felices seremos. Es decir, más opciones significa más felicidad. La autora hizo un estudio muy interesante para comprobar si esto era cierto. Para ello observó a un grupo de niños asiáticos y a otro de americanos. Les dio opciones para escoger entre pancartas que habían sido escogidas por maestras o la alternativa de crear las propias. Ante esto, los americanos eligieron hacer unas propias, desde los colores hasta las figuras que representaron; en cambio, los niños asiáticos prefirieron las opciones dadas por sus maestras. Esto nos lleva a reflexionar que nuestra sociedad está influenciada por la sociedad norteamericana. Parece que hacemos elecciones con el fin de que éstas nos definan como seres humanos y así encontrar nuestra in-

173

dividualidad. Se nos ha inculcado a valorar múltiples opciones y que éstas reflejen quiénes somos; a través de éstas pretendemos individualizarnos frente a los demás. En cambio, en la cultura asiática las elecciones están en función de la comunidad. Para ellos existe un valor donde las elecciones se basan en un bienestar común y esto les genera un estado de confort, mientras que la manera de elegir occidental crea angustia y competencia, que lo aleja de la felicidad.

GLORIA: *¿Cómo combinas no perder tu individualidad con considerar a los demás?*

ALEJANDRA: La clave es no elegir superficialmente porque entonces gastamos mucha energía y tiempo (creemos que esas elecciones, por ejemplo escoger determinada marca, nos darán una característica especial). Creo que éste es el gran error de muchos de nosotros, porque al final este criterio no tiene mayor significado en nuestra vida. Al contrario, pensar en que nos equivocamos en elecciones que no tienen trascendencia con el fin de llegar a ser auténticos nos provoca angustia y vacío.

GLORIA: *¿Qué nos puedes decir en cuanto a las elecciones más profundas?*

ALEJANDRA: Hay que evaluar la calidad de las elecciones que haces. En la cultura, por ejemplo, la mercadotecnia promete cosas que no se cumplen y nos frustramos. Llega el momento en el que debemos crear conciencia para observar qué elecciones hacemos a un nivel profundo para que nos den satisfacciones y plenitud a largo plazo. Si pudiéramos despertar a las elecciones que hacemos, por ejemplo, reconocer que la vida que tenemos ha sido una elección tras otra: con quién estamos, con quién pasamos tiempo, en dónde trabajamos y de qué se trata nuestra vida y hasta de qué ropa usamos… nos daríamos cuenta de la responsabilidad que esto conlleva. **Hemos hecho un sinfín de elecciones en el pasado**

174

que hoy nos dan el resultado de nuestra vida, y si ésta no es de nuestro agrado, está en nuestro poder elegir cambiar de ruta; esta posibilidad se abre cuando nos damos cuenta de que no somos víctimas de lo que creamos, sino que la herramienta de creación es la elección y a veces se nos olvida que lo que vivimos y como lo vivimos es nuestra prerrogativa.

La base para hacer elecciones es nuestra escala de valores. Esto quiere decir, por ejemplo, que no seremos leales con otros mientras que no aprendamos a ser leales con nosotros mismos; por lo tanto, debes preguntarte qué significa para ti la lealtad, qué significa para ti la fidelidad y qué elecciones haces en tu día a día para cultivar esa estabilidad emocional y espiritual. Probablemente cuando hagas elecciones que alimenten esta parte de ti, harás más elecciones que provoquen un crecimiento en el individuo que estás creando.

GLORIA: *¿Cuál sería un ejemplo en la vida diaria?*

ALEJANDRA: En la cotidianidad puedes elegir desde lo que vas a comer hasta lo que vas a manifestar en tu misión de vida. Es importante detectar si tus elecciones las haces desde el amor hacia ti; así, seguramente elegirás mejor (tus alimentos, no complicarte, seguir tus sueños, etcétera). Muchos tendemos a caer en las narrativas sociales y perdernos ahí, y cuando menos nos damos cuenta elegimos algo que nos saca de nuestro propósito, que a lo mejor era estar en paz, bajar de peso, ahorrar dinero, cuidar nuestro lenguaje, comer mejor, etcétera. Nos dormimos frente a estas elecciones y luego justificamos haber hecho estos actos.

GLORIA: *¿Cómo hacer que funcionen nuestras relaciones desde el poder de elegir?*

ALEJANDRA: En *coaching* se habla de que tenemos el poder de diseñar nuestras relaciones. Realmente tenemos la autoridad para elegir cómo relacionarnos con otros. Idealmente este diseño tiene que ir de la mano con la armonía, la belleza, el tiempo, y debe ser funcional; esto quiere decir que un diseño es eficiente mientras lo sea para los otros y para ti, mientras lo mejor de esa relación quede en cada persona.

32

Cómo recuperar tu poder

GLORIA CALZADA: *En muchas ocasiones se nos baja la pila, y tardamos en darnos cuenta. Quizá esto es porque hay cambios en nuestras vidas. Sin embargo, siempre nos tenemos que replantear nuestros objetivos por que de lo contrario nos estancaremos.*

ALEJANDRA LLAMAS: Lo que sucede es que la gente se autolimita y se autodefine ante su poder perdido. Sigue su camino sin parar de quejarse, ensimismada en su insatisfacción y victimización. Lo que debemos saber es que si estamos ahí, primeramente debemos sacudirnos para mover nuestra perspectiva y salir al mundo a conquistarlo.

GLORIA: *¿Qué es el poder perdido?*

ALEJANDRA: Nacemos poderosos, llenos de luz, listos para hacer nuestra vida, para transformarnos, para manifestarnos, para inventar nuestro cuento, nuestra historia, nuestras propias misiones. A pesar de esto, a lo largo de la vida hay situaciones que nos roban ese poder o simplemente pasan a segundo plano. Entonces, nos engañamos y encapsulamos en circunstancias o en personajes que nos alejan aún más de dicho poder. No debemos olvidar que éste ha estado siempre dentro de nosotros y que si no lo estamos viviendo y sintiendo es porque algunos elementos (de los cuales hablaremos ahora) nos lo están quitando. Por ejemplo, perder el poder de decir NO.

GLORIA: *¿Cómo llevar el control de ese poder de manera consciente?*

ALEJANDRA: Es importante reevaluar las creencias que tienes sobre ti. A veces se nos pueden colar pensamientos negativos, los que atropellan nuestra seguridad y autoestima, nuestra fuerza. Esto sucede porque, en realidad, no tenemos sembradas creencias fuertes y sanas que se acerquen a una versión más clara de nosotros mismos. Quizá vivimos con mensajes pobres creados por nuestros papás, incluso por nosotros mismos, que dicen: "Eso no se puede", "la vida no es así"; a lo mejor los guardamos en un nivel inconsciente; pero cuando necesitemos dar un paso en nuestra vida, **tendremos que buscar en la caja de recursos propios** y detectar esas creencias débiles que no nos benefician en absoluto.

Es muy importante saber que tenemos el poder para cambiar nuestras creencias, para mejorar nuestra vida. No nos damos cuenta pero, en ocasiones, cuando estamos inseguros por el paso que vamos a dar para salir de esa zona en la que hemos estado, todo se nos atora; ahí es cuando pensamos que "eso no es para nosotros", que "existen mil personas mejores que nosotros"; ahí es donde hay que mantenernos alertas para decir: "Hey, vamos a ver de dónde sale esto, que en otras ocasiones ya nos ha mermado". Con esto, podremos crear una creencia nueva, fuerte y mucho más apegada a la realidad. ¿Cuál es la realidad de lo que podemos SER? Lo que nosotros queramos; si decimos que somos poderosos, eso seremos; si decimos que somos paz, paz seremos. **Con la fuerza de nuestra palabra, con lo que creamos, siempre podremos cambiar.** Con esto dicho, elige creencias fuertes.

GLORIA: *¿Hay que arriesgar para recuperar nuestro poder?*

ALEJANDRA: Tienes que estar muy atento a no dejar que otros tomen decisiones por ti y a que no influyan en la manera en que las tomas, o sea, que no te limiten. Por ejemplo, si quieres poner un negocio para independizarte económicamente, una florería tal vez, pero te dicen: "No, una florería no funciona", en ese momento te están orillando a ligarte con la visión del otro. Ante esto, **defínete con tus decisiones; si sabes cuál es tu camino y dónde está tu pasión, evalúa tus proyectos desde varios ángulos pero sobre todo sigue tu corazón.**

Es muy importante revisar tu pasado, repasar las decisiones en tu vida que ahorita están en juego en ti. Cuáles has tomado verdaderamente tú y cuáles las han tomado otras personas por ti. Esto es fundamental, porque, si no, vives una vida fuera de tu poder; por eso, a veces somos inseguros y buscamos en otros la respuesta para nuestro camino. Ese "no creo" es de los mayores robos de poder que experimentamos, y lo permitimos porque no creemos en nuestra voz interior. Lo debemos sustituir por un "y si sí".

Cuántos de nosotros empezamos una conversación sobre un nuevo proyecto y vamos con un amigo que queremos mucho o con nuestra pareja y decimos: "¿Te late que haga esto?", en vez de estar escuchándonos, estamos escuchando a otros que no tienen la claridad de nuestros deseos; por eso, nos llenamos de una bola de ideas que nos llenan de razonamientos ajenos; eso al final no es poderoso. Con esto no quiero decir que no escuchemos a los demás, pero al hacerlo debes asegurarte de que seas tú la única persona que definirá lo que sea que vayas a emprender.

GLORIA: *¿Y cuándo sí queremos escuchar, cuándo sí queremos confrontar las opiniones de nuestros seres queridos?*

ALEJANDRA: Es importante escuchar, pero escuchar muchas veces nos sirve para definir: "Sí escucho lo que me dices, pero para mí no tiene sentido". Lo que sucede es que refuerza el lugar en el que estás y lo que para ti es legítimo en ese momento. Pero llegar a esto requiere que cada día trabajemos en sembrar nuestros sueños y decisiones; que día a día, esas decisiones se mantengan en la congruencia y el diseño de nuestras metas, pues esos proyectos tienen que ser funcionales para nosotros; así, podremos comprometernos con ellos.

El compromiso es la base del *coaching*. Cuando no hay compromiso, no se construye nada. Es muy difícil que nos comprometamos a algo que no nos parece legítimo. Podremos comprar la idea del otro, pero en el día a día, si no coincide con nuestra propia convicción, soltaremos el pacto; por lo tanto, debilitaremos el resultado, la creación, y el poder de nuestra palabra, porque no estamos ahí desde el corazón.

Hay un ejercicio clave: haz una lista, escribe todo lo que has logrado en tu vida, desde este momento hacia atrás, así valorarás tus victorias y decisiones. La mente tiende a minimizar lo que alguna vez conquistaste. Así que, si en este momento quieres recuperar tu poder y dar un gran paso, haz un recuento de todos tus triunfos; de esta manera, reconocerás lo fuerte que eres, la claridad que has tenido y cómo todo se acomodó para que tus éxitos fueran reales. Eso hablará sobre la persona que eres y sobre la magnitud de tu fuerza.

GLORIA: *Yo necesité una sesión con Ale para no caer en esta trampa. Me estaba cobrando a mí misma por adelantado cosas que ni siquiera he vivido en lugar de celebrar metas cumplidas y logros que en su momento de concepción sonaban inalcanzables.*

ALEJANDRA: Sal al mundo, aviéntate. Cada vez que salimos a él echamos a andar energía, así que enfréntalo, sé parte de él también, esto es estar vivo; la buena suerte y la buena estrella están ahí, confía en ellas y te acompañarán. No temas a nada; es parte de relacionarnos unos con otros y con nuestro crecimiento.

33

Sólo por hoy

GLORIA CALZADA: *En coaching, se dice que nada cambia si no cambiamos aquello en lo que creemos y en lo que hacemos diariamente con el fin de dar nuevos resultados en nuestra vida.*

ALEJANDRA LLAMAS: Si alguien quiere hacer un cambio, por ejemplo, en su situación económica, en su peso corporal o en sus relaciones de pareja, primero debe tener la intención de crear y desear una nueva posibilidad, pero esto no se manifestará en la realidad si no toma acciones que lo acerquen al resultado que quiere vivir.

GLORIA: *En el coaching se habla de prácticas. ¿Qué son y cuál es su fin?*

ALEJANDRA: Así es, se les llaman prácticas a comenzar a crear nuevos habitos con el fin de apoyar las intenciones de transformación que quieras lograr. Según el resultado que quieres tener, debes sentarte con tu *coach* y revisar cuáles han sido tus prácticas diarias o los hábitos que han creado tu vida. Solemos decir que "la práctica hace al maestro". **¿De qué eres maestro hoy?** Lo que haces todos los días es lo que aprendes con eficiencia, ya sea desde un punto de vista negativo (criticarte) hasta tener un vicio o relaciones conflictivas; lo has hecho todos los días, de tal manera que eres un experto en dar ciertos resultados. Entonces, si queremos obtener un resultado diferente, no solamente se debe de quedar en el deseo o en el crear una conciencia de que podríamos dar

181

un paso hacia el crecimiento o lograr una madurez ante lo que vivimos. Debemos sentarnos con alguien (ya sea un mentor o un *coach*) para diseñar prácticas que nos acerquen al resultado deseado. Si quieres bajar de peso, pregúntate qué hábitos has incluido en tu vida en el último año que te llevaron al sobrepeso. Esas prácticas son tus hábitos alimenticios y todas las acciones y los pensamientos que te han provocado no tener una estrategia que te beneficie en la salud, incluso en lo emocional.

GLORIA: *Para las personas que todo el tiempo están aceleradas, ¿cómo romper ese círculo vicioso? Me acuso.*

ALEJANDRA: Hay dos cosas muy importantes: número uno, siempre hay ganancias secundarias; por ejemplo, si estás acelerado todo el día o si manejas un nivel de angustia muy alto, vive la creencia en ti de que eso tiene mayor valor que estar relajado rascándote la pancita y siendo, entre comillas, improductivo; por lo tanto, la ganancia secundaria sería "estar activo me hace sentir importante o reconocido". En este caso, tenemos que indagar dónde y por qué existe esa creencia.

En esta sociedad le damos gran valor a la acción, a la productividad, a estar ocupados, desde ahí muchas veces nos damos valor como seres humanos. Hay muy poca aceptación de la no acción, hacer pausas, contemplar, permitir que actuemos sólo cuando sea el momento.

Aquí hablamos de despertar a la conciencia de nuestras acciones, a que cada acción que hagamos nos lleve a ser efectivos con el resultado que queremos. Para esto, debemos hacer una lista de cuál es el resultado que queremos lograr hoy en nuestra vida, saliéndonos de las situaciones de las que nos quejamos, porque estar situados ahí implica estar lejos del crecimiento, de los retos, esperando a que otros cambien la situación por nosotros.

GLORIA: *¿ "Sólo por hoy" lo armamos desde la mañana o nos vamos a la buena de Dios?*

ALEJANDRA: Cuando diseñamos nuevas prácticas para obtener nuevos resultados, debemos incluir cosas nuevas, con las que probablemente nos sentiremos incómodos en un inicio o porque no hay tiempo para hacerlas porque no se encuentran en nuestra rutina, o es algo nuevo para nosotros. Por lo tanto, cuando distingues que tienes que incluir cosas nuevas (ya sea lectura, una clase de yoga, comer saludable), "sólo por hoy" debes de estar consciente de diseñar tu día para incorporar una nueva práctica para acercar algo a tu vida. Porque si lo ves a largo plazo dices: "No sé si me pueda comprometer, ahora estoy muy ocupado, no tengo tiempo". La mente querrá quedarse en un lugar conocido. El cambio y la transformación muchas veces se frenan porque lo vemos a futuro como una tarea fastidiosa. "Sólo por hoy" incorpora esa nueva práctica que te dará este nuevo resultado; así, día con día, cuando pasen unos meses, tu vida realmente tendrá un diseño nuevo.

GLORIA: *¿Sugieres que cada día, antes de salir de casa, escribamos un propósito para tenerlo claro y recordarlo sólo durante ese día con el fin de lograrlo y poco a poco incorporarlo en la vida cotidiana?*

ALEJANDRA: Ésa es muy buena idea, hasta que se vuelve un hábito. En la mañana escribes: "Hoy voy a salir a caminar veinte minutos", "hoy voy a comprar frutas y verduras para empezar a comer sano". Sólo por hoy... Y si ese día encuentras un huequito para hacerlo, al día siguiente lo mismo y al día siguiente otra vez: te convertirás en un maestro de eso que hoy ves tan lejano.

Definitivamente, te lo puedo decir a nivel personal, esta característica del *coaching* es muy importante: **hacer acciones de manera consciente significa tener el control sobre nuestra vida,** es tener el tiempo suficiente para lograr las cosas que nos proponemos porque nos convertimos en seres efectivos ante nuestras acciones y le damos valor a la no acción. Esto es actuar en paz, estar tranquilos; así, cuando actuamos, lo hacemos desde una gran presencia, desde acciones de mucho poder, de gran impacto en nuestra vida. Esto es uno de los objetivos como seres humanos para no estar cansados o con angustia, sino para hacernos presentes ante la belleza de cada momento.

Un momento ideal para detectar dónde tiene que haber un nuevo diseño de prácticas es en la aparición de las crisis (ya sea de salud, de angustia o en situaciones en donde no puedas manifestar tu afecto en una relación de pareja o de trabajo).

Cuando hay una crisis, además de un diseño de prácticas, puedes incluir nuevos conocimientos. En muchas ocasiones, las crisis existen porque nos faltan distinciones, conocimientos relacionados con lo que nos sucede o importa. También es bueno buscar a alguien que ya tuvo éxito en eso que quieres lograr para que te ayude a diseñar las prácticas que a él le dieron resultado.

GLORIA: *Ale nos enseñó que acercarnos a alguien que admiramos para buscar su consejo, escuchar sus experiencias, es positivo. Aunque ni lo conozcamos, no perdemos nada con intentar. Esto lo propuso un día en el radio y de repente una mujer me escribió una hermosa carta en la que me hablaba de cómo mi trabajo la había inspirado y le encantaría escuchar mi opinión sobre ciertos temas, algunos muy personales. Le contesté y me sentí muy feliz de hacer este ejercicio nacido a iniciativa de Ale, tan inesperado y que, gracias a ella, cerró el círculo. Funciona.*

34

Encontrando tu estrella

GLORIA CALZADA: *Una estrella vive dentro de cada uno de nosotros. Tenemos que salir al mundo a manifestarla y compartirla, pues ésa es parte de nuestra misión, ése es el sueño que se conjuga con nuestro destino.*

¿Existe un punto o una convergencia que cada uno tiene que encontrar (un destino)?

ALEJANDRA LLAMAS: Así es. Existen ocho pasos que me parecen importantes para tomar en cuenta cuando reconoces que tu vida no es satisfactoria, que se cierran ciclos o que falta pasión. Al darte cuenta de esto probablemente estás listo para dar el salto e ir en busca de tu estrella y abrir tu ser a la posibilidad de mayor felicidad. De esta forma vivirás desde tu gran propósito como ser humano.

GLORIA: *Paso número uno.*

ALEJANDRA: Distinguir que ya no eres feliz, que algo le falta a tu vida. Para esto es importante definir cuáles son tus sueños, qué te apasiona, cuáles son tus *hobbies.*

A lo mejor no lo has hecho porque crees que ésa no puede ser una profesión o porque ha habido una conversación de la cultura en el exterior de tus papás que te ha presionado para seguir un camino que no es el tuyo, pero te estás dando cuenta y estás despertando a que ésos no son realmente los deseos de tu corazón.

Entonces, número uno es traer tu sueño a un enfoque, concentrarte en clarificar de qué se trata ese gran sueño.

GLORIA: *Paso número dos.*

ALEJANDRA: Cuando "me suena lógico, hace click"; entonces, es importante imaginar, usar la televisión de la mente para ver de qué se trata, describir, platicárselo a alguien, recrearlo y vivirlo primeramente en la mente. Ella no sabe distinguir entre lo que es verdad y lo que estás imaginando. La imaginación es muy poderosa; a veces le quitamos el mérito que tiene, pero una vez que lo imaginas (entre más detallada sea tu descripción, mejor) y lo hablas con otras personas tu deseo se acomodará y será parte de lo que vendrá; la intención de crear se alinea con la atención de crear posibilidades.

GLORIA: *¿Qué pasa cuando la gente dice que ya pasó el punto número uno pero le da miedo el número dos, tal vez porque ya no está en edad o etcétera?*

ALEJANDRA: En ese caso nos vamos **al paso número tres.** Recuerda que cuentas con el soporte de tu mente; es decir, que tus creencias se alineen con lograr tu sueño. **Las frases como "ya no tengo edad", "ya no es el momento", "no es para mí" u otras parecidas no son reales; son creencias que no aportan y no apoyan la meta a la cual queremos llegar.**

GLORIA: *¿Qué riesgo hay al imaginar sin materializar esos deseos?*

ALEJANDRA: Cuando quieres lograr un sueño, deberás comprometerte a que éste dé el salto para ser real. Ahora bien, del sueño a la creación hay que romper creencias, paradigmas (familiares, personales o externos); por eso no lo habías hecho antes, pues pueden existir miedos o confrontaciones. Ante lo dicho, es fundamental que venzas esos obstáculos, pues tu sueño y tu propósito de vida deben ser lo más importante para ti, ya que darán sentido a tu vida. **Si no tienes un alto nivel de compromiso, un alto nivel de creer en ti mismo, en tu fuerza, en tu destino, en tu intuición, en traer a otros a que sean parte de tu sueño, será muy difícil; te quedarás en la mente y no darás los pasos necesarios para que el sueño se convierta en realidad.**

GLORIA: *¿Compartirlo con ciertos cómplices nos ayudará a darle forma a nuestros sueños?*

ALEJANDRA: Claro, porque vivimos en un mundo en el que la varita mágica de creación es el lenguaje. Declaramos, afirmamos y definimos lo que queremos hacer por medio del habla. Para lograr nuestros sueños, necesitamos el apoyo de otros, por lo que debemos crear acuerdos con los demás. Un sueño mío se volverá un sueño tuyo. Por ejemplo, si mi sueño es poner un hospital para niños, yo tengo que hacer acuerdos con otras personas para que ese sueño que nació en mí se transforme en el sueño de muchos; quizás en cuatro años abramos ese hospital, pero **es preciso ser muy poderosa con mis actos lingüísticos, con mis decisiones, con mis promesas, con mis compromisos, y con lo que pido de los demás y del universo.** Y debo extender mi sueño a las personas correctas, a aquellas que se comprometan conmigo. No vivimos separados de la realidad; así, nuestros sueños se relacionan con los de los demás. Por lo tanto, es importante aclarar ¿qué persona va a ser un obstáculo para mi sueño? Una vez detectada, debo colocarla a un lado para evitar que me boicotee, para no escuchar que me diga "no creo que lo puedas hacer". Debemos realizar acuerdos con la gente que acompañe nuestra posibilidad. En ocasiones escuchamos a personas negativas porque nosotros mismos nos queremos boicotear; en general, esa gente nos dice sus pensamientos o porque ésa es su visión del mundo y creen que es la manera de protegernos de un fracaso. Ante una situación semejante, si nosotros nos sentimos listos, debemos darles las gracias por su opinión y dejar de escucharlas porque esas personas no tienen que ver con la persona que somos, y de esta manera dar un salto a nuestra posibilidad de crear.

GLORIA: *Paso número cuatro.*

ALEJANDRA: Éste se refiere a cuando debemos eliminar los obstáculos, los que pueden encontrarse en conversaciones que nos achican. En las mismas que hemos vivido tanto interna como externamente y que nos mantienen en esta vida repetitiva, de poco crecimiento. (Para este paso es útil el apoyo de un *coach* para salir de puntos ciegos.)

GLORIA: *Paso número cinco.*

ALEJANDRA: Se refiere a revisar si tu sueño está sembrado en el amor que le tienes a tu vida y a ti mismo. Es importante asegurarse de que esté fincado en la experiencia de vida que deseas y no en el miedo a fracasar. Debes bañarlo de amor constantemente.

GLORIA: *Paso número seis.*

ALEJANDRA: Éste es muy importante. Se relaciona directamente con saber si estás abierto para cocrear con el universo y, así, hacer real tu gran sueño. O si estás perdiendo la ruta. Es imprescindible asegurarte de estar apegado a tus planes, fechas, presupuestos, etcétera; de lo contrario, el sueño se bloqueará y no verás las posibilidades que hay frente a ti para lograrlo. Debes estar relajado para observar el sincrodestino, para coincidir con las personas que te ayudarán con tus propósitos.

GLORIA: *Es decir, ¿no perder la dirección pero no ser obsesivo?*

ALEJANDRA: No podemos dejarlo todo en la cabeza. Vamos a comprometernos, a ser perseverantes y a estar abiertos para que el universo cocree con nosotros de una manera natural.

GLORIA: *No todo sucederá en nuestros tiempos al tiempo que lo deseamos.*

ALEJANDRA: Claro. Es importante saber que este gran sueño proviene de tu espíritu, no de tu ego. El ego quiere que sea como y cuando *yo* diga. En cambio, **el espíritu quiere vivir esa experiencia por la riqueza y el crecimiento del espíritu mismo; por lo tanto, las cosas no serán como *yo* diga, sino como mejor funcionen para mi ser.**

GLORIA: *Paso número siete.*

ALEJANDRA: Una vez que dimos todos los pasos anteriores, tenemos que afirmar todos los días aquello que es posible para nuestros sueños: "Hoy afirmo que éste es el sueño que estoy haciendo, esto es posible". Día a día afirmaremos nuevas posibilidades de aquello que sigue con el fin de hacer el sueño real. El objetivo es equilibrar la energía positiva.

GLORIA: *Paso número ocho.*

ALEJANDRA: Se trata de mantenerte fiel a tu sueño. Habrá muchas oportunidades para fallarle, para traicionarlo, para darle prioridad a otras cosas, pero debes tener presente que tu sueño necesita que te comprometas, que cobre una gran importancia en tu vida.

GLORIA: *Ale y yo estamos en este momento en el paso número ocho de nuestro libro.*

35

¿Qué sigue para ti?

GLORIA CALZADA: *¿Qué sigue para ti? En estas vidas que se vuelven largas, pues ahora por lo general vivimos muchos años, abrimos y cerramos ciclos, tanto profesionales como personales, muchas veces. La clave es saber cuándo es sano terminar con algo y empezar con lo siguiente y qué lenguaje y actitudes deben acompañar a estos cambios. ¿Qué podemos hacer para cerrar un ciclo y cambiar al siguiente?*

ALEJANDRA: Es muy importante darnos cuenta de la fecha de caducidad. Llega un momento en donde se empobrece el entorno; a veces se refleja en una enfermedad o en la crisis de una pareja o el proyecto de trabajo. Es importante detectar que, aunque pones todo de tu parte para que las cosas funcionen, falta el ingrediente de cocrear con el universo. Lo puedes identificar en ti porque hay una falta de creatividad, de pasión y de crecimiento.

GLORIA: *Por ejemplo, cuando estás en un trabajo donde ya te hartaste y haces las cosas por hacerlas, ¿tienes que empezar a buscar cambios?*

ALEJANDRA: Nosotros, los seres humanos, somos seres creativos por naturaleza; nuestra esencia, nuestro espíritu está completamente vivo cuando crea. Por eso, si estás dentro de una situación en donde no tienes creatividad, en donde tu pasión ya no enciende todos los días tu vida, en donde ya no te reflejas en un futuro, es un buen momento para hacer un cambio. Los seres humanos somos energía; si esta energía no la mantenemos en constante movimiento y crecimiento, se deteriorará, lo que se reflejará en todas las áreas de nuestra vida, porque justamente no estamos manteniéndonos activos y sanos frente a las situaciones.

Podemos identificar que estamos en esa posición de *no crecimiento* cuando nos volvemos las víctimas de la situación, cuando estamos en la queja, en el resentimiento, en no ver las posibilidades; entonces, estamos inmersos en las circunstancias, enojados, en un lugar que no queremos. Desde esa postura, estamos completamente imposibilitados para ver nuestro poder y para movernos a un nuevo sitio.

GLORIA: *¿Qué implica moverse a un nuevo lugar? ¿Miedo ante lo desconocido, temor a no encontrar lo que buscamos?*

ALEJANDRA: El entorno se va a transformar en el momento en que cambies. En *coaching* decimos que hay dos sillas: la de la víctima y la de la responsabilidad. En la primera no tienes poder, estás completamente atado a las circunstancias; tu lenguaje está en "él me hizo, ella me dijo". Cuando te sientas en la de la responsabilidad, cambiará tu vibración energética, tu manera de hablar y tu vibración de amor (que es la energía más poderosa, desde donde radiamos naturalmente); así, verás posibilidades donde solamente había resistencia e iniciarás un nuevo camino.

GLORIA: *Ya que capté que estoy mal, ¿qué hago?*

ALEJANDRA: Primero identificar que, a veces, hay que hacer un cambio drástico. Simplemente tenemos que reconocer qué no está funcionando en nuestra vida y qué sí y hacer una lista. Así daremos más luz a aquello que nos trae bienestar.

Dice Byron Katie: "La realidad siempre es más dulce de lo que decimos de ella". Puede ser que las circunstancias no estén mal, pero creamos una conversación negativa acerca de ellas. Esto nos mantiene en este diálogo pobre sobre lo que nos rodea. Por eso es importante distinguir si realmente no estás bien o si es una conversación propia o nuestra imaginación. Ahora, si identificas que el noventa por ciento de tu situación no funciona, lo primero que debes hacer es detectar cuál es tu intención frente a la vida; si tu intención es la felicidad y el bienestar, lleva a cabo las acciones necesarias de la mano con esa intención. **Debo aclarar que si tu intención de cómo quieres vivir es vaga, entonces te conformarás casi con cualquier escenario.**

GLORIA: *¿Cómo manejar la pérdida y el dolor?*

ALEJANDRA: Existen hechos que nos causan dolor; por ejemplo, la muerte de alguien querido o una enfermedad repentina. En *coaching* se le llama "dolor auténtico". Sin embargo, hay otro tipo de dolor llamado "dolor inauténtico"; éste se refiere a los pensamientos que tenemos frente a una circunstancia, como perder un trabajo en el que llevamos años.

Por ejemplo, si se nos muere la mamá, sentiremos un dolor auténtico, pero seguramente años después aunque ese dolor ya sanó, lo que te sigue haciendo sufrir es lo que piensas acerca de esa muerte; por ejemplo "eso no debería haber pasado", era muy joven, etcétera. Por esto es bueno trabajar con esos pensamientos, para evaporar el sufrimiento que ya no es necesario.

GLORIA: *Has decidido moverte y cargar con las consecuencias de tu decisión. Eso seguramente acarreará cierto luto o dolor. ¿Ése es inauténtico?*

ALEJANDRA: En *coaching* decimos que todos los hechos son neutrales, lo que quiere decir que no tienen significado si tú no se lo das. En los seminarios me dicen: "¿Pero cómo es posible que todos los hechos sean neutrales?" Sí es posible, quizás en un principio te hicieron sentir dolor auténtico, pero se tiene que neutralizar; los hechos son lo que sucedió, y simplemente "son" por el

193

hecho de que no todos nos relacionamos con ellos de la misma manera; en cada uno cambia el significado que le damos a las vivencias. Teniendo esto claro, podremos neutralizarlos energéticamente y movernos a otro lugar.

GLORIA: *Pero qué pasa si a veces no sabemos qué queremos. ¿Cómo saber?*

ALEJANDRA: Hay un ejercicio que se llama el "ejercicio del milagro". En éste, se les pide a las personas que se imaginen un milagro que desean que pase en su vida. La idea es que si tú te quedaras dormido y al despertar ese milagro hubiera sucedido en tu vida ¿cómo sabrías?, ¿qué hay?, ¿qué está pasando ahí? ¿Qué cambios habría en tu vida para que pudieras darte cuenta de que se llevó a cabo el milagro durante la noche? Es decir, representa aquello que quisieras que se manifestara en tu realidad. Esto aclara y da pistas de hacia dónde queremos mover nuestra vida; **cuando hacemos cambios, podemos dar pasos pequeños, comenzar a eliminar lo que no funciona y atraer más de lo que queremos vivir. Pero a veces es necesario traer una energía tajante de cambio para transformarnos de golpe y de raíz; tú eres la persona que sabe su camino y con qué intensidad debe mover su vida.**

Conclusiones

Gloria Calzada

Escribo esto el miércoles 23 de enero de 2013. ¡Y lo logré! (tomándome un mezcalito con Ale, ¡salud!).

De todo corazón, deseo que este recorrido por las conversaciones de Ale y Gloria *(moi)* les hayan traído algo de luz, bienestar y les abra puertas.

Nunca es tarde, yo llegué a esto casi a los cincuenta. Y ante todo pronóstico, confirmo y suscribo que sí hay esperanza de renovarnos, de abrir rincones sorprendentes que delinean un nuevo camino. Resignación, jamás. Cambio, siempre.

Haciendo a un lado el anquilosamiento de cualquier tipo y con la mente abierta y receptiva, sé que lo aquí escrito es un buen marco de nueva referencia y posibilidad de vivir diferente, en paz.

Les sugiero que lean el libro muchas veces, que subrayen lo que les haga eco en su vida. Les pido también que me escriban en Twitter sus comentarios: @gloriacalzada.

Antes de entregar el manuscrito, me tocó leerlo mil veces. Y cada vez encontraba algo más.

Ahora este libro iniciará su recorrido en todas sus encarnaciones: papel, digital, pirata, audiolibro, braille, conferencia y demás. Me siento agradecida por el gran compromiso que asumo al compartir esto con la gran Ale, y por si las moscas:

¡LO SIENTO, PERDÓNAME, TE AMO, GRACIAS!

¿En *coaching*, qué es éxito, cuándo se considera que se ha logrado?

Yo creo que el éxito existe en todo momento y que va de la mano del origen de cómo haces las cosas. Hay un éxito poco genuino, el del ego, el que muchas veces es premiado por el exterior; en cambio, hay un éxito genuino que proviene de amarte a ti mismo, de que las cosas que estés haciendo surjan desde un lugar de amor. Creo que ése es el éxito, que tiene que ver con la relación que tienes contigo mismo.

Cuatro propósitos para darle sentido a la vida:

1. **Gozar de los sentidos y de las emociones.** Creo que muchos de nosotros, lejos de gozar de ellas, vivimos presos de ellas, presos de emociones negativas; en general, no sabemos usar los sentidos; éstos son como instrumentos musicales, hay que saber afinarlos, usarlos. Sí, los sentidos nos dan mucho placer, pero hay que saber medirnos con ellos.

2. **Encontrar bienestar familiar y social.** Lo más importante para eso es estar a tono con nuestros pensamientos y creencias; no juzgar sino amar a pesar de las diferencias, a pesar de que no entendamos los comportamientos del otro.

3. **El desarrollo de las virtudes.** No hacer esa vida de rutina, de ese tipo de cotidianidad que nos va matando el alma, sino descubrir cuáles son mis virtudes y cómo las puedo manifestar en mi vida.

4. **Darnos cuenta de que representamos a Dios en la tierra.** Cuando realmente estás en la gran conquista de la vida, te das cuenta de que tú eres la realización de Él, y

tu alma divina o tu ser divino en la tierra es una manifestación más de la belleza del universo.

Si conquistamos estos cuatro puntos, le daremos sentido a la vida y abriremos la posibilidad de dejar a un lado la angustia y las decepciones.

El lenguaje en *coaching*

Lenguaje que cambiamos en *coaching*...	Lo cambiamos por...
Yo soy así	Yo puedo verme siendo… En algunas ocasiones me he encontrado siendo… Yo elijo ser quien soy
Esto es difícil	Esto es curioso Esto es interesante Esto es un reto
Nunca Siempre	A veces En ocasiones
Voy a tratar	Quiero hacerlo Voy a hacerlo No lo voy a hacer
Debería	Es o no es
Es verdad	Es una verdad Es mi/tu verdad Es una posibilidad Es una interpretación
Es imposible	Es factible Soy principiante
No puedo	Sí puedo Lo intentaré Sería posible
Hubiera	Hice Fue Es Lo que fue
Todo me pasa	Me pasa como a otros Coincidencia
¿Por qué a mí?	Para qué a mí Por qué no a mí Las cosas pasan para mí
Me cae mal	No somos afines
Es tonto	El/ella es…(una interpretación)
Me da flojera "alguien"	Opto por diseñar mis relaciones
Es bueno o malo	Me sirve o no me sirve

Agradecimientos

ALEJANDRA LLAMAS

Quiero agradecer a Random House, a Cristóbal Pera y a Fernanda Álvarez una vez mas por darle importancia a estos temas y por el apoyo a este trabajo. A toda mi familia, que la quiero tanto; a mis estudiantes, que se vuelven mis grandes maestros y me llenan de entusiasmo y ganas de seguir aprendiendo y creciendo para estar a la altura de sus búsquedas; a mi equipo de trabajo, por su visión y amor; a mis adoradas amistades, que ya saben quiénes son; a Gloria, por tu magia, compromiso y por el honor de hacer este libro contigo. Todo mi amor a Gena, Pat, Hana, Mami, Tata, Ceci, Fede, Yoca. A mi papá.

GLORIA CALZADA

No sé por dónde empezar. La gratitud es mi sensación favorita.

Primero a mi familia, que se ganó en la rifa a un personaje incomprensible pero que la ama siempre; Ma, Hijito, Pipo, Gaby, gracias por apoyarme siempre con tanto respeto.

A mis sobrinos, que tanto quiero: Andy, Constanza, Lorenza, Luis Patricio, Paula, Roberta y Alex. Su presencia en mi vida, hace que la viva con más compromiso.

A Carlos, mi amor y mi maestro cada día en el arte de ser congruente y nunca traicionar los valores. Te amo con toda mi alma y por ti soy mejor.

A mi mejor amiga, Gaby Calzada, que ha sido una gran maestra de compasión y amor incondicional. Gaby Martínez, hermana de vida y circunstancia. Estas dos me hicieron madre. Gracias.

Martha Sosa, un espejo donde me veo más lista y chida. Referencia infalible.

Pepe Bandera, uno de los cinco mejores seres humanos que conozco.

Javier Barrera, la mejor combinación de sensibilidad y coco.

German, la sabiduría menos pretenciosa, regalador de amor.

Karen Guindi, prueba fehaciente de que todo, siempre, estará bien.

Paulina, *multitasker* amorosa y siempre dispuesta.

Rosa, la máxima expresión de solidaridad y desprendimiento de lo innecesario. Guardiana de amores.

Mi comadre Martha. La risa y la inteligencia.

Juan Meyer, socio en proyectos y sueños que se concretarán.

A las Netas Divinas: Isa/protectora, Joe/incondicional, Luzma/evolución, Consuelo/arte. Las Netas es de lo mejor que me ha pasado en la vida.

A Lizzy, Triana y co., por su complicidad en mis interminables nuevos proyectos, siendo éste el más importante hoy. Gracias.

A Maribel, Pepegüicho, Lily, Betsy y todo MVS porque en esa cabina se dio tanta magia, y fuera de ella también. Gracias.

A Juanita, mi fuerte y leal compinche en todo.

A todas las personas que me han dado una oportunidad en la vida; de trabajo, de crecer, de reír. Llorar, eso lo hago solita. Gracias.

A Ricardo Trabulsi, que nos fotografió sabiendo que sería la portada de un bestseller.

A Cristóbal Pera, quien me conmovió tanto al querer que las pláticas de Ale y yo se convirtieran en un libro. Ni idea tienes del regalo que me diste y más con esa cara de alegría que siempre tienes. Te aprendo. ¿Socrático? ¿Qué es eso?

A Fernanda Álvarez, por la paciencia y generosidad que me brindaste para participar en este libro.

A Alejandra Llamas, por creerme.

Todos se han soplado mis procesos, buenos y malos, y han sido mis compañeros de vida. Los incluyo porque ustedes me han ayudado a llegar hasta aquí: Abud, Julia, Maisita, Anja, Pepis, Mónica G., Humberto, Ana Laura, Goga, Mercedes, Karli, Olga, Xavier, Gaby Mac, Luis Mijares, Nico, Diego, Mon, Vivian, Gabriel A., J. D. B., Violeta, Ana L., Bruce.

Bibliografía

Arbinger Institute, *Leadership and Self-Deception: Getting out of the Box,* 2ª ed., Berrett-Koehler Publishers, 2010.

Arbinger Institute, *The Anatomy of Peace: Resolving the Heart of Conflict,* Berrett-Koehler Publishers, 2008.

Beck, Martha, *Finding Your Own North Star: Claiming the Life You Were Meant to Live,* Random House, 2002.

Bhagavad Gita, nueva traducción de Stephen Mitchell, Three Rivers Press, 2002.

Bolte Taylor, Jill, *My Stroke of Insight: A Brain Scientist's Personal Journey,* Penguin Group, 2008.

Chalmers Brothers, *Language and the Pursuit of Happiness,* New Possibilities Press, 2004.

Chopra, Deepak, *Sincrodestino: descifra el significado oculto de las coincidencias en tu vida y crea los milagros que has soñado,* Alamah, 2003.

Choquette, Sonia, *The Psychic Pathway: A Workbook for Reawakening the Voice of Your Soul,* Harmony, 1995.

Choquette, Sonia, *Your Heart's Desire: Instructions for Creating the Life You Really Want,* Potter Style, 1997.

Doidge, Norman, *The Brain That Changes Itself: Stories of Personal Triumph from the Frontiers of Brain Science,* James H. Silberman Books, 2007.

Howard, Christopher, *Turning Passions into Profits: Three Steps to Wealth and Power*, Wiley, 2005.

Iyengar, Sheena, *The Art of Choosing*, Twelve, 2011.

Katie, Byron, y Stephen Mitchell, *Loving What Is: Four Questions That Can Change Your Life*, Three Rivers Press, 2003.

Lao-Tzu y Stephen Mitchell, *Tao Te Ching*, nueva versión en inglés, Perennial Classics, 2006.

Lefkoe, Morty, *Re-create Your Life: Transforming Yourself and Your World*, DMI Publishing Division Of Dec, 2003.

LeMay, E., J. Pitts y P. Gordon, *Heidegger para principiantes*, Errepar, 2000.

Lin, Derek, *The Tao of Daily Life: The Mysteries of the Orient Revealed The Joys of Inner Harmony Found the Path to Enlightenment Illuminated*, Tarcher, 2007.

Machado, Catalina, *Ensayo de física cuántica para la MMK Certificación*.

Maturana, Humberto R., y Francisco Varela, *Tree of Knowledge*, Shambhala, 1992.

Mogilevsky, N., y J. Pinotti, *Coaching ontológico al alcance de todos*, Distribuciones Integrales, 2006.

Ruiz, Miguel, y Luz Hernández, *Los cuatro acuerdos: Una guía práctica para la libertad personal*, Amber-Allen Publishing, 2000.

Schucman, Helen, *A Course in Miracles. Combined Volume*, Foundation for Inner Peace, 2008.

Shimoff, Marci, *Happy for No Reason: 7 Steps to Being Happy from the Inside Out*, Free Press, 2008.

Sieler, Alan, *Coaching to the Human Soul Ontological Coaching and Deep Change*, vol. 1, Newfield Australia, 2005.

Tolle, Eckhart, *El poder del ahora: Un camino hacia la realización espiritual*, Grupo Editorial Norma, 2000.

Tolle, Eckhart, *Una nueva tierra: un despertar al propósito de su vida*, Grupo Editorial Norma, 2005.

Vitale, Joe, e Ihaleakala Hew Len, *Zero Limits: The Secret Hawaiian System for Wealth, Health, Peace, and More*, Fonolibro Inc., 2010.

Wheatley, Margaret, *Liderazgo y la Nueva Ciencia*, Ediciones Granica, 1997.

Williamson, Marianne, *Return to Love: Reflections on the Principles of "A Course in Miracles"*, Harper Collins, 1996.

Maestría de vida, de Alejandra Llamas y Gloria Calzada
se terminó de imprimir en julio 2013 en
Drokerz Impresiones de México, S.A. de C.V.
Venado Nº 104, Col. Los Olivos, C.P. 13210,
México, D. F.